増補改訂版

「振り返りジャーナル」で子どもとつながるクラス運営

―信頼ベースのクラスをつくる最高のツール―

岩瀬直樹
ちょんせいこ 著

学事出版

増補改訂版「振り返りジャーナル」で子どもとつながるクラス運営
—信頼ベースのクラスをつくる最高のツール—

刊行に寄せて

武田信子（一般社団法人ジェイス代表理事・臨床心理士）

習慣の力は大きい。

子どもたちは毎日継続して自分の力で考えて何かをするという習慣によって確実に力をつけることができる。その習慣として何を選ぶかは担任に任されている。その1つとして、「振り返りジャーナル」はとても優秀である。子どもたちにとっても先生たちにとっても、力量がつくルーティーンだ。

この本をテキストにして誰でも始めることができる。用意周到に途中でつまずきそうな場合の対処まで書いてある。ネット検索すれば、振り返りジャーナルでクラスづくりをした先生方の記録も読むことができる。多忙な毎日の中で振り返りの時間を作ることにためらう先生もいると思うけれど、結果的にクラス運営がうまくいくのであれば、取り組む価値があるだろう。

私はかつて、ある県の小学校から高校までの先生120人に、クラスの子どもたち全員の名前を思い出して書く作業をしていただいたことがある。書けない先生が少なからずいらした。そうでなくても、どうしても最後の方になってしまう子どもたち、つまり、お気に入りで気になる子どもたちと反抗的で気になる子どもたちの間のつい忘れそうになったり後回しになったりする子がクラスには出てきてしまう。そんなふうに見えなくなりがちな子どもたちも、振り返りジャーナルは視野に入れてくれる。

実は、人が他者を見るときの基準軸は3から5しかなくて、しかもその軸はなかなか変化しない（味香、1990）と言われている。担任が子どもたちをどんな軸で見るかについてさまざまな研究が展開されてきた（伊藤、1999他）が、自分の持つ軸だけで子どもたちを見ると、必ずどんな担任でも、意識から外れがちな子どもたちが出てしまう。しかし、振り返りジャーナルに取り組んでいれば、生徒全員の書いた文章を読むのだから、意識から抜けがちな子どものことを「子どもの言葉で」（Shapiro、1991）しっかりと思い出すことができるし、もし、その子の記述が少なければ、より気になるだろう。そういう仕掛けがこの振り返りジャーナルにはある。

文字の記録になっているから、誰かに読んでもらうこともできる。誰かというのは、クリティカルに、つまり自分のことを批判するのでも持ち上げるのでもな

く、自分では気づかないことを客観的に指摘してくれる安心安全な誰か（クリ
ティカルフレンドと言う）である。そんな人を見つけることができたら、振り返
りジャーナルは、自分の教育活動を的確に振り返って、次の活動に活かすための
貴重なツールになる。近年、教員による研究方法論の「セルフスタディ」（サマ
ラス、2024）が日本にも紹介されたのだけれど、クリティカルフレンドと共に実
践の振り返りに取り組む研究の資料としての活用も期待できると思う。

　振り返りジャーナルは、子どもたちの記述が、毎日の先生のリフレクションの
時間を作り出す仕掛けである。この仕掛けは、先生の学級運営力をアップするだ
ろう。先生が自分だけで自分のこと学級のことを振り返ろうとしても限界がある
が、それを子どもたちがさせてくれるのである。これで記録が残って、コミュニ
ケーション・ツールにもなり、学級の信頼ベースが築けて、研究にも活用できる
のならば、一日の終わりに机に積み重ねられた小さなノートの束は、クラスの宝
物と言う他ないだろう。

【引用・参考文献】

味香信子「Role Construct Repertory Test の一貫性に関する研究―合成グリッドを用いての検討―」『東京大学教育学部紀要』第30巻、1990年、pp.165-175.

伊藤亜矢子「Role Construct Repertory Test の教育への利用」『教育心理学研究』第47巻第 1 号、1999年、pp.107-116.

Shapiro, B. L. 1991 The use of construct theory and the repertory grid in the development of case reports of children's science learning. International Journal of Personal Construct Psychology, 4, pp.251-271.

アナスタシア・P・サマラス著、武田信子監修、セルフスタディ翻訳プロジェクトチーム訳『教師のためのセルフスタディ入門』学文社、2024年

はじめに

　「振り返りジャーナル」は、その名の通り、毎日の「振り返り」を習慣化するためのノートです。日々の経験はそのままでは流れていってしまいますが、1日の終わりに丁寧に振り返りを書き留めることで、その経験を積み重ねることができます。

　このシンプルな実践は、子どもたちとの信頼関係づくりに大いに役立ちます。先生と子どもたちをつなぐ「信頼ベースのコミュニケーションチャンネル」として機能し、続けていくことで学級経営の重要な柱となるでしょう。さらに、このジャーナルは、子ども自身が自分の学びをデザインし、自律的な学び手として成長する手助けにもなります。

　本書の特徴は、理念だけでなく、具体的な実践方法やその背景にある考え方、さらには具体例が豊富に含まれている点です。「チャレンジしてみよう！」という読者の皆さんに寄り添いながら、具体的かつ実践的な内容を提供することを目指しました。手法にとどまらず、その効果と意義をしっかりと伝える工夫も凝らしています。

　「振り返りを書く」ということは、学校現場では当たり前になりつつありますが、その結果、どのような機能を果たしているのでしょうか。強制的に「振り返らされる」ことで「振り返り嫌い」を生み出していることはないでしょうか。振り返りジャーナルは、そうした問題に対してどのように異なるのでしょうか。

　さらに、ICT の普及により振り返りをデジタルで残し、共有することが一般的になっている中で、なぜ手書きのノートにこだわるのかという問いもあります。このような問いに対しても、本書を読み進める中でぜひ考えてみてください。

　私が小学校の先生をしていた頃、最も楽しみだった時間は、放課後にコーヒーをいれて振り返りジャーナルを読み、コメントを書く時間でした。「ああ、こんなことを考えていたんだ」「こんな素敵なことがあったんだ！　嬉しいな」「悩んでいるんだな。明日ちょっと話をしてみよう」など、一人ひとりの思いに寄り添い、明日のためのエネルギーを蓄える時間。この時間が、先生としての私を成長させてくれたのです。振り返りジャーナルは、私の実践において非常に高い優先順位を占めていました。

　この本を手に取ってくださった皆さんにとって、振り返りジャーナルが子どもたちの成長に寄り添い、そして皆さん自身の教師としての成長にも寄り添うものになれば、これ以上の喜びはありません。

　振り返りジャーナルの提案から10年以上が経ちました。全国各地でたくさんの子どもたちが振り返りジャーナルを書いています。個人的なエピソードですが、私の末っ子が6年生のときに振り返りジャーナルを書いていると聞いて、「おお、我が子にも届いた！」と感動したのを今でも思い出します。

　本書は、2017年にナツメ社から発刊された『「振り返りジャーナル」で子どもとつながるクラス運営』の増補改訂版です。初版から7年が経ちますが、その内容は今こそ重要だと確信しています。大切な内容を加筆し、皆さんにお届けできることをとても嬉しく思います。それでは、振り返りジャーナルの世界をたっぷりと堪能してください。

岩瀬直樹

増補改訂版「振り返りジャーナル」で子どもとつながるクラス運営

―信頼ベースのクラスをつくる最高のツール―

目次

第5章 振り返りジャーナルの可能性 ——— 103

特別章　振り返りジャーナルをめぐって —————— 133

軽井沢風越学園の実践
中学生も振り返りジャーナル　134

ノートに鉛筆 or デジタルデバイスにタイピング？
振り返りジャーナルのカタチ　141

子どもの頃に取り組んだ先生の声
「振り返りジャーナル」を振り返る　147

実践者の声
「振り返りジャーナル」と私　149

巻末付録　フィードバックを実際に書いてみよう ————— 151

子どもに共感するフィードバックの練習

第1章

振り返りジャーナル とは？

振り返りジャーナルは、子どもたちの成長を促すとともに、先生と子どもたちとを信頼でつなぐチャンネルとなるツールです。ここでは、振り返りジャーナルでなぜ子どもたちが成長するのか、学級経営にどのように役立つのかを解説します。

振り返りジャーナルとは？

> No. 53
> Date 9·24 月
>
> イワセン　へ
> テーマ　算数プロジェクトのふり返り
> 前回のテスト「拡大と縮図」は ■■ をおいていっちゃったから、ざんねんだった。自分は、うらが40点だったから、もっとアイテムをやっとけば良かったなぁーと反省中‥‥。今回は絶対目標点97点をとる！！ 3組がおいついてきているから‥‥(2組もゆだんできない)がんばんなくっちゃ！今日は新しいチャレンジしたんだ。■■ とやった‥！！明日もやってみよっと‥！ 秋田県には負けない！！でも、私のお父さん、秋田県出しんなんです。秋田にはいとこがいて、自主学習やってるそうです。今年の夏いって、見せてもらいました。(やっぱスゲー)でも、ぜったい負けません！今日も自立がんばってこよーっと♡
> みた～い！！
> バイバーイ♡

振り返りジャーナルってどんなもの？

　この写真の文章を読んでみてください。ここに書かれているのは、毎日の学校生活で子どもたちが体験した何気ない日常の出来事です。でも、とても大切で、かけがえのない1日の記録でもあります。

　これが「振り返りジャーナル」です。

　振り返りジャーナルは、その名の通り、毎日の「振り返り」を習慣化するノートです。そのままでは忘れてしまう「毎日の出来事」を1日の最後に丁寧に振り返り、書き留めて、子どもたちの1年間の成長を記録します。

　例えば、学校には授業参観や遠足、体育大会、宿泊学習など、子どもたちがドキドキワクワクする行事やイベントがたくさんあります。これらのタイミングで、子どもたちはグッと成長を加速しますが、そのベースとなるのは、毎日の授業や友達とのかかわりです。

思わずハイタッチしたくなる授業やうまく伝わらなくて涙が溢れる友達とのトラブルも、子どもたちにとっては大切な成長の糧。放置すると記憶は薄れてしまいますが、これらを丁寧に振り返りジャーナルに記録すると、あとから読み返したとき、自分や友達、クラスの成長を子どもたち自身でたどれます。

また、振り返りジャーナルは先生と子どもたちをつなぐチャンネルでもあります。忙しくて一人ひとりに十分にかかわれないときも、振り返りジャーナルを読めば、一人ひとりの声を聞けます。時には、先生が知らなかった教室のドラマや激励が届いて励まされるなんてこともある。気づいていなかった声に気づくこともある。振り返りジャーナルは、先生と子どもたちをつなぎ共に成長する"信頼ベースのチャンネル"なのです。

振り返る習慣は、大人になっても活用できる

振り返る習慣は、学校生活だけでなく、学校外や大人になってからも活用できます。

例えば、新入社員の育成。さまざまな仕事を初めて体験しながら覚える新入社員にとって、その日に起こったこと、覚えたことを書き留めて記録する作業は、その成長を大いに助けてくれます。振り返りジャーナルを活用すれば、メンター役の先輩とのコミュニケーションが円滑になるので、OJT（On the Job Training）のツールとしても有効です。

また、多くのスポーツ選手が、振り返りジャーナルと同じようなノートを使って、日々の練習や経験から"成長のきっかけ"をつかむのに役立てています。

例えば、野球の大谷翔平選手。大谷選手は高校時代、「目標達成シート（マンダラチャート）」と「練習ノート」を書いていました。名前は「振り返りジャーナル」ではありませんが、毎日、今日の練習を振り返って、「明日はこうしよう」と発見を書き留めていたのです。

また、卓球の伊藤美誠選手は、幼稚園の頃から、「試合ノート」や「卓球日記」をつけてきたそうです。

このように、振り返りジャーナルは、学校のほかにもさまざまなシーンで活用されています。自身の成長に一生役立つ活動であり、早い段階で振り返る習慣を身につければ、将来にわたって一人ひとりに併走してくれるでしょう。

人は「振り返り」で成長する

毎日、同じ穴に落ちないために

想像してみてください。

ある日、少年が歩いていると、道に大きな穴が空いていました。少年はその穴に落ち、泥まみれになりました。次の日、その出来事をまったく振り返らなかった少年は、なんと、また同じ穴に落ちてしまいます。次の日も、またその次の日も……。振り返る習慣のない少年は毎日、穴に落ち、そのたびに服はドロドロ。おまけに痛い思いもします。

これではまったく成長がありません。そこで少年は、振り返って作戦を立てることにしました。

「明日はジャンプしよう」

次の日、勢いよくジャンプしたものの、思った以上に穴が大きくて飛び越えられず、やっぱり穴に落ちる少年。そこで、さらに振り返りを進めます。

「ジャンプではダメだ。そうだ、次は板を渡そう」

新しい作戦です。しかし残念！　次の日、穴に通した板は歩くと割れて、少年はまた落ちてしまいました。

「これじゃダメだ、もっと丈夫な板じゃないと」

経験を振り返り、試行錯誤を重ねた少年は分厚い板を渡し、ついに穴に落ちずに道を歩きました。

「やったー！」

こうして、少年は「次に穴があったら、丈夫で長い板を渡せばいい」「失敗したら、振り返って新しい選択肢を試せばいい」と学びます。

例えば子どもたちには、このようにわかりやすい例えで振り返りの意味を伝えます。人の成長には、振り返りが不可欠で、私たちは無意識のうちに振り返りを繰り返しています。しかし無意識なので

自動的になりやすく、経験から新たな気づきを得にくいのです。振り返りジャーナルは、これを意識化して、効果的に行うツールです。

　振り返りは、実は教師にとっても重要です。ドナルド・A・ショーンという研究者は、人は実践の振り返りから得た気づきを活かすことで成長していくと指摘しました（省察的実践）[※1]。言い換えれば、「教師は経験を振り返り、次に活かすことによって成長する」のです。大人も子どもも同じなのです。

　そうはいっても、つい、同じ穴に落ちてしまう経験は誰しもありますよね。

書き留めておくことがとても大事

　振り返りの方法はいくつかあります。例えば、「今日は、どんな1日だった？　隣の席の友達とおしゃべりしてみましょう」と、対話で振り返るのも有効な方法です。朝からの出来事に思考と感情を巡らせ、友達と伝え合う体験は意識的な振り返りといえます。また、友達の振り返りから新たな気づきや発見を得て、より振り返りが深まります。

　一方、振り返りジャーナルは文章で書き残す方法です。振り返りジャーナルを書く間、子どもたちはシーンとした集中した空気をつくります。鉛筆の音だけが静かに響く教室で、子どもたちは自分との対話を深めながら振り返りを進めます。これも大切な時間です。

　その日の思考や心の動きを書き出すプロセスを通じて、子どもたちは自分の体験をいったん整理して、自分の中から外に出します。ノートに移し取られた「文章化された自分の体験」を、まるで読者のような気分で客観的に眺めることが可能になるのです。

　ペラペラとジャーナルをめくって「1週間前の自分」と比べてみると、「あのときはこう考えていたけれど、今は違うな」といった具合に、自分の思考や行動の変容、そこにある失敗や成長を分析できます。

　文章化された「今日の自分」「あの日の自分」を俯瞰して眺めるからこそ、次に活かせることが整理されます。こうして子どもたちに振り返りのサイクルが生まれるのです。書き残す意味はここにあります。

※1〔省察的実践〕

アメリカの哲学者ドナルド・A・ショーンが提唱した概念で、専門的な職業人のあり方を示したものです。確立された理論や技術を実践するだけでなく、個々の顧客の状況や独自性などを考え、常に自分のやり方を省察（振り返り）しながら変化していく実践が、省察的実践です。変化の激しい現代の学校においても、教師のあり方として重要視される概念です。
ドナルド・A・ショーン著、柳沢昌一・三輪建二監訳『省察的実践とは何か──プロフェッショナルの行為と思考』（鳳書房、2007年）参照

振り返りジャーナルで
身につけたい力

成長のサイクルを生み出す

　振り返りは、起こったことを一度、脇に置いてみて、「なぜ、そうなったのか」「どうすればよかったのか」を客観的に考えてみる作業です。嬉しいことも嫌なことも、振り返る中で改めて、わかること・気づくことがたくさんあります。

　起こった事実を確認し、さまざまな関係性や感情、意見を整理して、次の行動に活かせるようになると、子どもたちに課題解決の視点が生まれ、成長が促進されます。これが、振り返りによって生まれる成長のサイクルです。

　振り返りジャーナルではその日のテーマを設定します。読み手は担任の先生であり、未来の自分です。毎日、先生に自分の振り返りを報告するような気持ちで、子どもたちは振り返りジャーナルを書きます。よき読者がいると、書くモチベーションが温まるのは大人も子どもも同じです。

　慣れるまでは、朝にテーマを発表し、黒板に書いておきましょう。例えば、「社会の新しい単元をやってみてどうだった？」「身体測定の結果から、感じたこと、考えたこと」「今日の私のニュース」「今日、発見した友達のよいところ教えます」など、テーマがわかると、子どもたちは見通しをもって1日を意識して過ごせます。

　例えば、「今日の私のニュースは何だろう？」と思いながら1日を過ごし、その中か

ら1つを選びます。辛くて、しんどかった1日にも、必ずよいところ（ストレングス）はあり、楽しく過ぎた笑顔の1日にも必ず困りごとや課題（チャレンジ）はあります。大切な1日に強みや課題を見つけて振り返り、「明日は、こんな1日にしたい」と次に活かせるようになると、翌日が楽しみになります。

また、振り返りジャーナルのよいモデルをたくさん見ることも有効です。「こんなふうに振り返ればいい」というモデルがわかると、それをベースにして創意工夫できます。

慣れてくると、子どもたちはひとりで振り返るようになります。「今日のメイントピックはこれだな」と自分で見つけ、自分の力でテーマ（問い）を自由に選んで振り返りを進めます。これは大人の私たちにも求められる習慣です。

振り返りジャーナルで育つ「メタ認知」

振り返りジャーナルを続けていくと、「振り返る力」とともに、もう一つ大きな力が身につきます。それは「メタ認知」[※2]する力です。

メタ認知とは、自分や自分に起こった出来事を客観的に見ること。文章にすると、ちょっと引いて眺められるのです。「ああ、なんで、あのとき怒っちゃったんだろうな」「あんなに嬉しかったのはどうしてだろう？」といったように、一歩引いた位置から自分の行動や出来事を振り返れるようになります。

例えば、子どもたちは起きたトラブルを客観的に分析して、原因を探り、次からは同じトラブルが起きないように工夫します。これは、「メタ認知」する力が育つからです。

トラブルの当事者になると、強い感情に巻き込まれ、流されてしまいがちです。だからこそ、ちょっと落ち着きを取り戻したら、起こった事実や感情を一歩引いて、自分で振り返る体験を積み重ねます。

こうすることによって、子どもたちの中で「メタ認知」をする力が育まれます。これも振り返りジャーナルで身につけたい力です。

※2〔メタ認知〕

メタ認知の「メタ」とは、「高次の」という意味。メタ認知とは、より高い視点から認知することを意味しています。メタ認知は、何かを実行している自分に頭の中で働く「もう一人の自分」といわれたりもします。例えば、うっかりミスが多い子が「自分はうっかりミスが多いので気をつけよう」と自分に言い聞かせるような働きは、メタ認知的な行動といえます。
奈良教育大学「平成22年度奈良教育大学学長裁量経費補助研究成果報告」より
http://www2.nara-edu.ac.jp/CERT/nara-edu/index.html

学級経営がうまくいく 振り返りジャーナルの効果

子どもが見える、クラスが見える

　ここまで、子どもたちにとっての振り返りジャーナルの意義を解説してきました。ここからは視点を変えて、先生にとって、学級経営をするうえで、振り返りジャーナルがどう役に立つのかを見てみましょう。

　私たちは、振り返りジャーナルを「先生と子どもたち、一人ひとりがつながるための、信頼ベースのチャンネル」だと考えています。学校には人数の少ないクラスもあれば、多いクラスもあります。クラス替えがほとんどない場合もあれば、1年ごとにクラスのメンバーが変わる学校もあります。一見、変わりのないように見える人間関係も実は日々変化し、日常にさまざまな物語があります。

　先生が見えている情景がすべてではなく、むしろ見えていない物語のほうが多い。でも、子どもたち一人ひとりから毎日話を聞くとなると、膨大な時間がかかります。

　そこで、振り返りジャーナルです。

　振り返りジャーナルは、そんな、見えていない情景（＝子どもたち一人ひとりの物語）に先生が好意的な関心や興味、共感をもって寄り添うツールです。

　教室で活発に動き、先生のかかわりが多くなる子だけでなく、まったく会話するチャンスのないまま下校した子の1日にも寄り添えます。クラス全員の子どもたちと公平につながれる。これが振り返りジャーナルの大きな魅力なのです。

「先生は僕のことを見ていない」と言われて

　岩瀬が振り返りジャーナルを始めたのは、ある保護者会がきっかけでした。

　当時、クラスの状態はとてもよく、「学級経営はうまくいっている」と疑っていませんでした。ところが、あるお母さんから「うちの子は先生に全然見てもらえていないと言っている」と突きつけられてビックリ。しどろもどろになって、体中から冷や汗が出ました。

　その子はクラスのリーダー的存在で、勉強も得意。特に心配のない子だから声をかけるタイミングもありませんでした。一方、クラスにはいつも声がけが必要だと思っていた心配な子がいて、自分の関心に偏りが生まれていたのです。お母さんの言葉にとても申し訳ない気持ちになり、自分の不甲斐なさを痛感しました。忘れられないエピソードです。

冷静に振り返ると、実は同じような子は学級にたくさんいたはずです。

そばに寄ってくる子、目につく子は一部であり、普段寄ってこない子たちにも先生に伝えたい思いがある。その声をちゃんと聞こうとしてたどりついたのが、振り返りジャーナルでした。

振り返りジャーナルを始めてみてビックリしました。「ええ？　そんなことがあったの？」と、教室での情景からはまったく見えない物語がたくさん伝わってきます。そして、短いフィードバックで、どの子も公平に応援できます。一人ひとりとのチャンネルがひとつ増えます。

以来、振り返りジャーナルがないと怖くて学級経営ができなくなりました。ないと、途端に子どもたちの様子がわからなくなってしまうからです。こうして、振り返りジャーナルは学級経営の必須ツールとして誕生したのでした。

先生自身が力を発揮できるようになる

子どもたちが安心できる教室は、先生も力を発揮できる教室

　子どもたちにとって、担任の先生は特別な存在です。自分の思いをわかってくれたら嬉しいし、わかってくれなかったら悲しい。学校中の誰よりもクラスや自分を心配してくれるのが担任の先生で、無条件の安定した愛情で成長や幸せを願ってくれる存在として認知します。

　だから、どんなに宿題を忘れてきても、難しい問題が解けなくても、友達とケンカばかりしていても、「大丈夫、あなたにも力があるよね。今はちょっとうまくいかないときも多いけれど、一緒に考えていこうね」という先生からの無条件のOKを感じると、子どもたちは安心して自分の力を十分に発揮できるようになります。結果として、先生も子どもも、落ち着いた温かい学習環境で、のびのびと学んだり生活したりできます。

　逆に「担任の先生がわかってくれない」と認知すると、子どもたちは過剰に反応します。なんだかイライラして無意識のうちに、先生からの愛情や承認を引き出そうとして、暴言や暴力を繰り返します。特に「もう知りません」のような“見捨てられ感”を深める対応は、子どもたちの不安を高め、教室に不穏な空気をつくり出します。先生はいつも怒りがちでは、子どもたちはやがて怒られても聞かなくなり、状況が進めば不登校や学級崩壊の要因になります。

　温かい安心、安全のスパイラルを生み出す環境調整が、授業や学級経営が成功するコツです。振り返りジャーナルは、先生からの安定的な愛情や承認を感じる安心、安全な環境調整を進めるツールでもあるのです。

授業や学級経営の羅針盤

　「どうすればよいクラスがつくれるのか」日々悩んでいても学校は常に忙しく、「学級経営の方法について学ぶ機会がなかなかもてない」という不安の声を聞きます。

　先生が子どもたちとつながることは、クラスづくりの第一歩。でも、具体的な方法がないと、この一歩目でしくじってしまいます。

　教室のつながりは、以下の順序でつくります。

①先生と子どもがつながる。

②子どもに安心が生まれる。

③子ども同士の横の関係がつながる。

④さらに安心が深まり、子どもの活動が促進される。

⑤子どもたちが振り返りながら、自律的・協調的な活動を進める。

「クラスがうまくいかなくて困っています」

こんなご相談を受けるとき、「振り返りジャーナルも途中でやめてしまいました」と、よく聞きます。

事情を詳しく聞いてみると、「①先生と子どもがつながる」が不完全なまま、子ども同士の横の関係に高いハードルを設定し、子どもたちが失敗体験を繰り返し、いつしか振り返りジャーナルが「残念な反省日記」に化け、書くのも読むのもイヤになり、忙しさに負けて優先順位を下げてやめました、という悪循環が理由でした。陥りやすいケースです。

例えば、まだ子どもたちに振り返る習慣が身についてない初期に、「今日のテーマは自由です。何でもいいので振り返りましょう」と呼びかけたら、一部の子どもから「書くことがない」「書きたくない」の声が出て、先生の不安が高まり、忙しくて時間もなく、振り返りジャーナルを諦めてしまったというケースもありました。

でも、丁寧に子どもの「書くことがない」「書きたくない」の言葉を分析、翻訳してみると、

「書き方がわからない」

「今日も注意されてばっかりで傷ついた」

「楽しい出来事がなかった」

「なのに、先生は今日もそんな1日を振り返れと言うのですか」

など、概ね、子どもがもつさまざまな事情や背景があるからこその言葉です。この分析が弱いと、私たちは子どもの「やりたくない」の声に負けてしまいがちです。まるで自分への否定のように感じてしまうからです。

また、クラスには、声には出さなくても振り返りジャーナルを楽しみにしている子や、先生にさまざまなことを伝えようとしている子もいます。しかし、声をあげる機会もなく、結局、「振り返りジャーナル撤退」の巻き添えを喰い、やがて「書きたくない」という声に同調し、あきらめていきます。どちらの場合もアセスメント不足です。

子どもから「書きたくない」の声が出たら、チャンスです。どんなふうに工夫すれば、どの子も楽しく学校生活を送り、毎日を振り返りながら成長していけるのかを考えましょう。そのとき、子どもたちの書く振り返りジャーナルの内容は、創意工夫のための羅針盤としての役割を果たしてくれます。

No.

Date ４・８・金

ちょん先生へ

クラスもくひょうかんせい

きょうはクラスもくひょうをつくり
ました!! わたしは <u>かめのがっちゃん</u>
を<u>かきました!</u> すごく おおきいち
きゅうをまなちゃんがえのぐでぬっ
ていました。<u>きれいでした。</u>

（じょうず！）

（うんうん！）

（ちょっと
いそぎすぎた）

振り返りジャーナルを始めよう！

　第1章では、振り返りジャーナルがどういうものなのか、どういう効果をもたらすのかを解説しました。振り返りジャーナルは、とても始めやすく続けやすい活動です。子どもの成長を促進したい。子どもたちの力が溢れる授業や学級活動を創りたい。これは"先生という職業に就く人"に共通する欲求です。先生は子どもたちの笑顔・成長する姿にエンパワーされるのです。

　振り返りジャーナルは、若手の先生であってもベテランの先生であっても、どんな先生にも活用してもらえる取り組みです。クラスづくりにまだ慣れていない先生にとっては、子どもたちとつながる大きな助けとなりますし、ベテランの先生にとっては、これまでよく見えていると思っていた子どもの、思わぬ一面に気づかせてくれるツールにもなります。隣のクラスの先生と一緒に取り組んでみると、お互いの学級のよさがこれまで以上にわかるようになるでしょう。

　振り返りジャーナルは、きっとあなたのクラスをステキな方向に導いてくれます。次章からは、準備から実施の方法や、活動を続けるコツ、深めるためのアイデアを解説します。

　ぜひ、周囲の先生と一緒に始めてみましょう。

第2章

振り返りジャーナルに取り組もう!

振り返りジャーナルを始めるために必要なのは、ノートと赤ペンだけ。明日からすぐにでも始めることができます。ここでは、振り返りジャーナルの具体的な始め方と、最初の1週間をどのようにして進めていくのかについて解説します。

準備を始めよう！

準備物は B5ノートだけ ||||||||||||||||||||||||||||||||||||||

　振り返りジャーナルを始めるのに必要なのは、クラスの人数分のノートだけ。準備物が少なく、始めやすいのも振り返りジャーナルの魅力です。

　写真のように、B5判の大学ノートを横半分に切って使います。横に罫線が入っているノートにしましょう。低学年も同じノートでスタートし、最初は、罫線2行分で1文字分の文字の大きさを目安にします。書きにくいようであれば、マス目ノートからスタートしてもOK。慣れてくると、小学1～2年生も横罫1行でビッシリと書きます。

　ノートは先生が半分に切って、子どもたちに配ります。ノートの上半分を使う子と下半分を使う子に分かれますが、気にせず使います。必要であれば、子どもたちにもそう伝えてください。

　配ったら、表紙に「振り返りジャーナル」とタイトルを書きます。名前とクラス、スタート日時、No.1と書きましょう。

> No. Date 12.18.×
>
> 「Have Fun」週間の2日目終了‼
>
> 一日が本当に早く過ぎちゃって、1時間100分ぷんにになれ
> ばいいのに〜ってかんじ。毎日、学校がいつも
> 以上に楽しみになる。今日の○○○○○プレゼンツ
> は、最初、もうバスケなんてやってないし、つまら
> なそうだなー。て思っていたけど、いざやって
> みると、以外と体が覚えていて、すっごーーーく楽
> しかった。明日も楽しみ。明後日も楽しみ。でも
> 金よう日は総営式…みんなとのおわかれが、
> ちかづいている…さみしい。だから、私は冬休
> みなしでも学校に来たいってかんじ。でも、
> 冬休みも大切にして、あと少しを楽しみたい…

　名前は可能な限り「振り返りジャーナル」とします。例えば、「○○日記」などオリジナルネームをつけるクラスもありますが、このノートは、振り返りのためのツールであり、記録して伝えるジャーナルだと意識するためにも、この名前にします。先生との「交換日記」や残念な「反省ノート」にならないためにも、ネーミングにはこだわります。また、「振り返りジャーナル」という言葉で子ども自身が検索できるようにしておくことも大切です。

なぜ半分に切るの？

　ノートの分量が多すぎると、書くのに気合が必要です。そして書けないと、余白がたくさん残ります。"あまり書けなかった"不全感は、振り返りジャーナルが続かない一因にもなります。逆に3分の1サイズにするなど分量が少なすぎると、表面的な報告になりやすく、思考が深まらない"浅い振り返り"になりがちです。なので、ノートのサイズにもこだわります。

　振り返りジャーナルを書く時間は5分〜10分が基本です。B5ノート半ページの分量は、1日分を5分で振り返って書くのにちょうど便利なサイズ。書く量に合ったサイズのノートを使うのは、実はけっこう重要なポイントです。最初の2週間ぐらいは、書き慣れるために余裕をみて10分とりましょう。

　大切なルールは、1日に1ページの使用です。

　もちろん、たくさん書きたいときは数ページにわたって書いても構いません。特別な

行事があった日の振り返りや、伝えたい強い思いがあるときには、２ページ、３ページと書く子もいます。振り返りで学びを深めるサイクルに慣れたら、特別なイベントなどがなくても毎日のように２ページ、３ページと書く子もいます。放課後の教室で、一人残って真剣な顔で鉛筆を走らせながら振り返りジャーナルを書く姿も見られます。

　逆に、振り返りや文章を書くのが苦手な子は、毎日、１行や２行で終わってしまいます。ページのほとんどが空白になり、残念な感じに見えます。しかし、この場合も１日１ページがルールです。なぜなら、書けない事実も大切な情報だからです。

　例えば、ず〜っと１行しか書かなかった子が、時折、ページの半分以上の分量を書く日があります。

　なぜ、普段は書かないのか。

　書けない理由はどこにあるのか。

　どうしてこの日だけは、たくさん書いたのか。

　先生は、子どもの１日や心の動きに寄り添い、子ども理解に努めます。このように子どもたちの変化の記録を直感的にわかりやすく可視化するためにも、振り返りジャーナルは１日１ページが基本。子どもが自分自身で振り返りジャーナルを読んで振り返るときにもわかりやすく便利です。

　「もったいない」と次の日の分を同じページに続けて書き込むと、読み返したときにわかりにくくなります。

　最初の１冊が終わったら、その後ろに次のノートを貼りつけて続けます。１日１ページずつ書くと、１年で約２〜３冊になります。学年が終了するまで、過去のノートを常に読み返せるようにしておくのも、大事なポイントです。

ニコニコ笑顔のスタンプを作ろう！||||||||||||||||||||||||||

　先生は、確認用のスタンプを用意しておくと便利です。これは「あなたの大切な1日の振り返りを受けとめました」のサインです。おすすめは、先生の似顔絵スタンプです。文字の入っていないスタンプで、ニュートラルなニコニコ笑顔のスタンプを選びましょう。消しゴムハンコで自作したり、得意な先生にお願いをして作ってもらったりするのもおすすめです。

　例えば、「よくできました」「がんばりましょう」などの言葉が添えられているタイプのスタンプは使用しません。これだと、先生が子どもの1日を評価することにつながります。でも、よくできた日も、そうでなかった日も、子どもにとっては価値ある大切な1日である事実は変わりません。だから、振り返りジャーナルには、どの日も先生のニコニコ笑顔のスタンプを押し、励ましのフィードバックを書いて子どもたちに伝えます。

振り返りジャーナルを始めよう
導入の手順

スタートするなら年度初めがベスト ‖‖‖‖‖‖‖‖‖‖‖‖‖‖‖‖‖‖‖‖‖

　振り返りジャーナルはいつでもスタートできますが、やはりおすすめは、年度初めです。

　4月は、子どもたちのモチベーションが最も高い時期。学年や担任が変わったばかりで "自分を知ってほしい" 気持ちも高く、先生も子どもたちの様子を早く知りたい時期です。このチャンスを逃さずに、振り返りジャーナルをスタートしましょう。

　とはいえ、初日は始業式などでバタバタするので、始めるのは2日目から。その日の予定がだいたい片づいたら、ノートを配り、黒マジックで表紙を完成させましょう。

　初日のテーマは、「自己紹介」や「こんなクラスにしたい」など、これから始まる1年への「夢や希望」からスタートします。

　このとき、先生は「なぜ、振り返りジャーナルに取り組むのか」という価値のインストラクション[※3]（説明）をします。12ページで紹介した「同じ穴に落ちないために」のように、学年に合わせて子どもたちと振り返りの価値を共有しましょう。そして、この1年、共に成長し合うクラスにしようと宣言します。

決まった手順に慣れる ‖‖‖‖‖‖‖‖‖‖‖‖‖‖‖‖‖‖‖‖‖‖‖‖‖‖‖‖‖‖

　振り返りジャーナルは以下の手順で進めます。

---

①基本は帰りの会に取り組みます。
②黒板に今日のテーマを書きます。
③子どもたちは振り返りジャーナルを書きます。
④書き終わった子どもから、先生に提出します。
⑤先生はサッと読んで、簡単なフィードバックをします（後でじっくり読みます）。
⑥ハイタッチをしてサヨナラです。

※3〔価値のインストラクション〕
NPO法人授業づくりネットワーク理事長の石川晋さんによる造語。詳しくは、『授業づくりネットワーク』No.9「「学びやすさ」を重視した説明・指示・発問の新しい一斉授業」の巻頭論文を参照のこと。

書く時間は、5 〜 10分を確保します。書けない子も5分は机に向かって、その日の振り返りを考える時間にします（書けない子どもへのサポートは58ページを参考にしてください）。

　そのため、連絡帳を書くなどの一連の帰りの会に発生する作業は昼休みなどに終わらせておきます。集団下校の場合、⑤の時間確保は難しいので、その場合は⑤を割愛しましょう。

　集団下校でない場合は、①の前に全体での「さようなら」の挨拶を済ませておきます。そうすると、子どもたちはほかに何もすることがなく、安心して振り返りに取り組めます。早く書く子はサッと書き、じっくり書きたい子はしばらく残って書きます。まずは、この手順に先生も子どもたちも慣れることをめざします。

特に初期は、うまくいったことを振り返る ||||||||||||||

　振り返りジャーナルを書くときだけでなく、日常的に振り返る練習をしましょう。特に友達との対話による振り返りは、子どもたちの心と思考を伸びやかにします。スタートの時期は「よくできたこと」「うまくいったこと」など、ポジティブな面を振り返るようにします。

　例えば、国語の時間に、クラス全員で群読をしたら、とても上手にできた。そんなときは、振り返りのチャンスです。

　「今、みんなで上手に群読ができましたね。主人公の気持ちが胸に迫ってくるような、素敵な群読でした。ところで、どうして、こんなに上手にできたんだろう。ちょっと隣の人とペアになって、よかった理由を3つくらい考えてみてください。時間は1分です。お願いします」

　そして、子どもたちから3つくらい「よかった理由」を挙げてもらいます。それを黒板の端に書いておきましょう。

　帰りの会では、自分と対話しながら、振り返りジャーナルを書きます。テーマは「今日の群読がよかった理由について」。黒板にはすでに3つ書いてあるので、それを深めてもよし、自分なりの振り返りを書いてもよしです。

　まずは、こんな具合に「よくできたこと」「うまくいったこと」の振り返りからスタートしましょう。

グッドモデルに学び合う ||||||||||||||||||||||||||||||

　続けていくうちに、子どもたちが振り返りジャーナルに何を書いたらいいのか悩むときがあります。また、どの程度を書けばいいのかもわかりにくいものです。そんなときは、この本に載っている子どもたちの振り返りジャーナルをモデルとして示します。「こんなふうに書けばいい」というイメージがわかると、子どもたちは書きやすくなります。

　振り返りジャーナルを書く時間は帰りの会ですが、振り返りの価値を実感するまでは

"早く帰りたい"気持ちが押し寄せて、落ち着いて書けないときもあります。そんなときは、じっくり時間をとるために、授業時間に書くようにします。

　例えば、体育や音楽、家庭科など、子どもたちの活動が比較的多い時間は、子どもたちの心も動いています。体育館に振り返りジャーナルを持参して、授業の始めに「今日の自分のチャレンジ」を決めて、授業の最後に友達とペアコミュニケーションで振り返り、最後に体育館で自分の1時間を振り返って書きます。机がないので、体育館の床で書くことになりますが、子ども時代はそんなアドベンチャーも大切な経験です。被災や緊急事態のときは、大人の私たちも机のない環境で何かを真剣に書くときがあります。

　時間があれば子どもの許可を得て、先生が何人かの振り返りジャーナルを読み上げたり、子どもが自分で読んだりします。友達の振り返りの言葉に、子どもたちは自分の振り返りを重ねて学びを深めます。そして、それをグッドモデルとして自分の成長の糧にします。

フィードバックは40人分を20分で ||||||||||||||||||||||||||||

　振り返りジャーナルは職員室に持ち帰り、仕事が一段落したところで、一気に読みます。

　読みながら、子どもたちの文章に赤ペンでラインを引き、ひと言ずつコメントを添え、フィードバックを書きます。40人分を20分で書くのが目標です。フィードバックの書き方については、38ページで詳しく解説しますので参照してください。基本は子どもたちをエンパワー[4]するフィードバックです。

　うまくいったことも、そうでないことも、先生は子どもたちを励まし、応援します。

　コメントは、必ずしも毎日書く必要はありません。コメントを書かない日は、スタンプを押して「受け止めました」の印を残すようにしましょう。また、子どもたちには4月最初に「コメントを書いていない日も心をこめて、あなたを思いながらちゃんと読んでいます」と伝えておきます。

　先生からのフィードバックを書いたノートは、次の日の朝、子どもたちに返却します。朝、先生からのフィードバックを読み、子どもたちはエンパワーな1日をスタートします。間違っても、翌日の帰りの会で返却しません。つい面倒になって、振り返りジャーナルを返却せずに、帰りの会で書く直前に配ってしまうと効果半減です。

　昨日の自分の振り返りに目を通し、先生からのフィードバックを読んでから、1日をスタートする。それは「今日も1日、楽しく過ごそうね」という先生と子どもたちの信頼関係の確認であり、昨日の振り返りのうえに、今日の成長があることを実感するプロセスの積み重ねでもあります。

※4〔エンパワー〕

エンパワーとは、子どもたちが本来もつ力を発揮して生きることを応援する環境調整を行うアプローチです。初期は「励ます」「応援する」など、サポーティブなかかわりがメインとなりますが、子どもたちが力を溜めてグンと伸びていくときには、励ましや応援をベースとした「任せる」「突き放す」などもエンパワーになります。

先生からの温かいフィードバックで、1日を気持ちよくスタートします。

「学年の他の先生にも見せるかも」と断っておこう ‖‖‖‖‖

　振り返りジャーナルを始めるにあたって、誰が読むかは初めにきちんと伝えておきましょう。学年で取り組む場合などは、「学年の他の先生にも読んでもらうことがあるよ」と、前もって伝えます。「一緒にいい学年をつくりたいから、この振り返りジャーナルは紹介したいなと思ったら、学年の先生に見てもらうことがあります」と、その理由も丁寧に伝えておきましょう。

　もちろん、保護者やクラスの友達に見せるときも同じです。このときは、事前に本人の承諾を得ます。

　また、振り返りジャーナルを抜粋して学級通信に掲載する場合もあります。その際も、必ず事前に子どもの許可を取ります。大人に事情があるように、子どもたちにも事情があるので、信頼関係の基本は外しません。「先生以外に見せたくない日は、そう書いておいてね」とルールを決めて伝えておきましょう。

始めるときの
基本的な心得

毎日書く習慣を大切にしよう ||||||||||||||||||||||||||||||||||

何よりも、まず大切にしたいのは「毎日書く」ことです。

振り返りジャーナルの目的は、「振り返り」の習慣化です。習慣として自然に「振り返り」ができるようになるには、当たり前ですが「続ける」のがいちばんです。まずは、振り返りジャーナルの優先順位を上げて、時間確保に努めます。続けていると、子どもたちに「振り返りの回路」が開通します。この回路が開通して、子どもたちが自分の力で振り返るようになるまでは、特に毎日書く習慣を大切にします。

ある教室の光景 ||||||||||||||||||||||||||||||||||||||||||

小学2年生のクラスです。国語の時間、みんなで冬の俳句をつくりました。先生が「何個つくってもいいよ」と伝えたところ、ある男の子は「11個つくる」と自分のチャレンジを決めました。なんだか11個つくれるような気がしたのです。

ところが、友達がサクサクと俳句を仕上げる中、4つ書いたところで手が止まってしまいました。考えても、考えても冬の情景が五・七・五になりません。だんだんと心が苦しくなり、頭は混乱して、涙がノートにポトポトこぼれます。その様子を先生は、遠くから温かいまなざしで見ていました。

「たくさん書けた子も、書けなかった子も一生懸命に俳句をつくりましたね。どんな俳句ができたかな。いくつか読み上げてみますね」と、先生が数句を読み上げたあと、「じゃあ、振り返りジャーナルを書きましょう」と声をかけました。

そして、涙を流す子に声をかけるために近づこうとしたところ、ビックリ。振り返りジャーナルに向かうその子は、真剣な顔で鉛筆を握りしめ、一生懸命に書いています。日頃から振り返る習慣が身についているので、自分の力で振り返り、たくましく前へ進もうとします。書いているうちに、涙も止まり、落ち着きを取り戻しました。先生は「すごいなぁ」と、子どもの姿に感心しました。

帰る前には、振り返りジャーナルを先生に渡します。

「冬の俳句をつくってみてどうだった?」とテーマが書かれたページには、今日は11個の俳句をつくりたかったこと。でも、うまくできなかったこと。友達の俳句を聞いてヒントがあったこと。家庭学習で俳句をつくってくることが書かれていました。

「ナルホド、ナルホド。すごいね。明日、楽しみにしているね」と短くフィードバッ

クをして、ハイタッチ！　やっと笑顔も見えて安心です。

　放課後、先生は電話をして、ご家庭にも今日の出来事を伝えました。自分の力で振り返り、前へ進もうとする子どもたちの姿に先生もたくさん教えられます。

振り返りジャーナルが続かないとき ‖‖‖‖‖‖‖‖‖‖‖‖‖‖‖‖‖‖

　時間のある日だけ書く。先生が取り組もうと思った日だけ書く。

　こうなると子どもたちは、今日は振り返るのか、そうでないのかがわからず、"先生の気分"に振り回されてしまいます。もちろん振り返りが習慣化せず、だんだんと、振り返りジャーナルを書くのが面倒になります。

　忙しくなってくると、どうしても後回しになりがちですが、書かない日が続くと、先生も子どもたちもモチベーションが下がり、次に書く日に大きな負担を感じるようになります。「ええ、今日は書くの？　面倒くさい」という具合です。その言葉に先生が自信を失い、さらに振り返りジャーナルから遠のく悪循環です。

　逆に、毎日書くようにすれば、それが「当たり前」になります。毎日書いていれば、自然と「今日はこれをジャーナルに書こう」と子どもたちが1日のトピックやテーマを見つけられるようになります。毎日、書き続けるのは大変ですが、実はたまに書くほうが逆に「今日は何を書こう」とテーマにも困りがちになります。毎日、続けていると、「今日の振り返りジャーナルのテーマはきっとコレだな」と、子どもたちが見通しを

短いコメントでも、「先生に話を聞いてもらっている」と感じられるような書き方で子どもたちとつながります。

もって取り組めるようになります。

また、「今日はこのテーマで書きたい！」という気持ちも育っていくでしょう。

フィードバックは短く簡潔に ||||||||||||||||||||||||||||||||

振り返りジャーナルの実物を初めて見た人は、先生が書くフィードバックの短さに驚くかもしれません。でも、続けるにはこれが最適の長さです。短い言葉で的確に、子どもたちにフィードバックする技術を身につけましょう。

振り返りジャーナルを始めた頃は、フィードバックをたくさん書いて、「子どもとの関係づくり」に取り組む人がいます。また、書く分量が少ない子には、ついたくさんのフィードバックを書きたくなるものです。しかし、読み返してみると、どのページも先生の文字のほうが目立ってしまい、子どもの文章が霞んでしまう残念な状況になりがちです。これでは主客転倒です。

また、フィードバックをたくさん書くと、時間がいくらあっても足りません。そうでなくても、放課後は翌日の授業準備や校内業務などで忙しい毎日です。もちろん、帰宅すれば、家事や育児、介護など、プライベートの予定も山積みです。

忙しい業務の中で、フィードバックを書く時間の確保は難しいもの。やがて負担になり、「フィードバックを書いてから返却」と思ううちに日にちが過ぎてしまった、という経験はよくある話です。

無理なく、毎日、続けるために、フィードバックにかける時間は40人を20分と決めてチャレンジしましょう。これがお互いに無理せず続けられる時間設定です。

例えば、振り返りジャーナルに子どもの悩みが書かれていると、心配になって長々と返事を書きたくなりますが、そんなときは「一緒に考えていこう」「いつでも応援しているよ」「時間をとって話しましょう」など、温かい共感的なフィードバックを書き、実際に子どもの話を聞く場をもちます。振り返りジャーナルで、何もかも解決しようとしない。子どもからのサインをキャッチするために活用しましょう。

振り返りジャーナルは持ち帰らない ||||||||||||||||||||||||||||

子どもたちは、振り返りジャーナルを家に持ち帰りません。家に持ち帰ると、つい持ってくるのを忘れてしまい、やがて行方不明になるなど事件も起こります。そうなると、せっかくの記録が消え、日々の積み重ねが見えなくなります。

また、持ち帰ると宿題と変わらなくなり、子どもたちに負担感も生まれます。振り返りジャーナルは、先生も子どもも持ち帰らない。これをルールにしておきましょう。どうしても家で書きたいときは、同じサイズの大学ノート数ページに書き、学校でそのページを振り返りジャーナルに貼りつけるなどします。

振り返りジャーナルは、帰りの会で集め、学校でフィードバックを書き終えて、翌朝に返却するのが基本サイクルです。

文字の間違いは直さない＆ダメ出しはしない ||||||||||||

　例えば、国語の時間。子どもの作文に誤字を見つけたら、先生は赤ペンでそれを訂正します。あるいは、子どもに気づきを促し、正しい文字を学び直すチャンスをつくり、次からは正しく書けるようにチャレンジを設定します。

　しかし、振り返りジャーナルは、基本的に誤字や脱字の訂正はしません。

　振り返りジャーナルは、子どもたちの自発的な意志で書く文章です。教科学習の枠組みから外れているからこそ、その成果が"子どもたちの学びの現状"として、リアルに表出する場でもあります。新出漢字を使う、算数の学びを用いる、社会科での体験や読書の影響を活かすなど、教科学習の"学びの日常化"がよく見える場でもあります。先生は振り返りジャーナルで子どもの学びの現在地を確認し、授業で工夫をします。

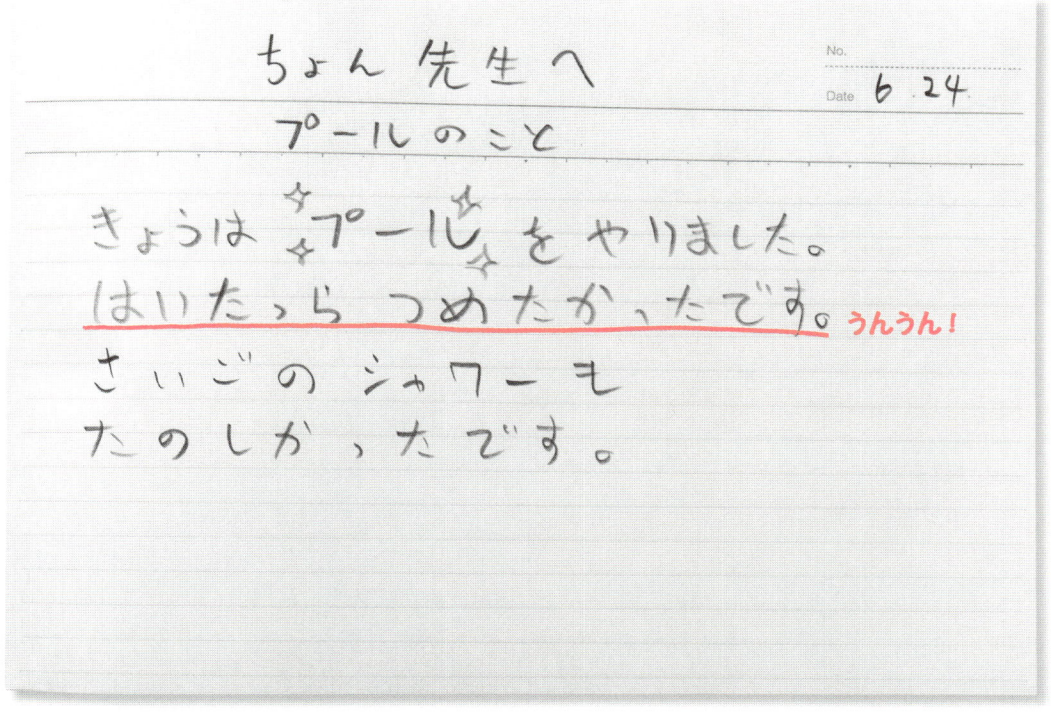

「きょうはプールをやりました。はいたっらつめたかったです。」
ここでは間違いを指摘せず、国語の授業で工夫します。

最初の1週間の
振り返りジャーナル

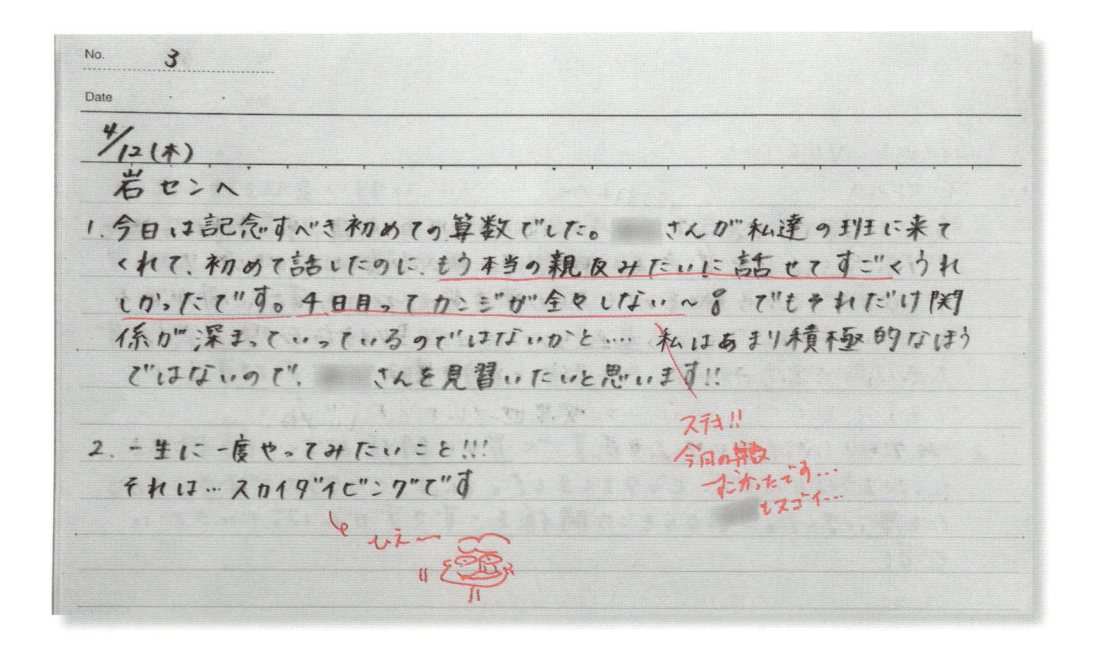

じっくり取り組む時間を確保しよう ||||||||||||||||||||||

　振り返りジャーナルをうまく軌道に乗せるためには、最初の1週間がとても大切です。この1週間で、振り返りジャーナルを書く楽しさを実感し、書き方を身につければ、これから始まる1年間に向かって、いいスタートが切れます。

　まず、最初の1週間は、授業の最後に書く時間をとるようにしましょう。10分くらい時間があると、子どもたちも落ち着いて書けます。

　帰りの会の短い時間だと、バタバタとして、何を書いたらよいのかよくわからない日々が続きます。最初は特に大切なので、時間に余裕をもち、「こんな内容を書けばいいんだ」というイメージをつかむ期間にしましょう。そして、帰りの会へと移行します。

ジャーナルの「テーマ」を提供しよう ||||||||||||||||||||||

　新年度スタートの1週間は、いろいろなイベントが目白押しです。振り返りの材料も豊富ですから、その日の取り組みを上手にテーマにしましょう。子どもたちも心が動くイベントは振り返りたいもの。テーマを工夫して子どもたちが書きやすい状況をつくり

ましょう。下の写真は、教室をリフォームしたときのジャーナルです。

　自分たちの教室を自分たちの手でつくる。学びのオーナーシップを子どもたちと一緒に発揮してつくる私たちの教室づくりは、子どもたちにとってドキドキワクワクするプロジェクトです。ロッカーに名前シールを貼る。文房具の収納場所を決める。学級文庫の本を運ぶ。教室にリラックスできる畳（カーペット）空間をつくるなど。心が動く「教室リフォームプロジェクト」[5]は、いつもは面倒と思いがちな掃除ですら楽しくなります。

　こうしたワクワク体験は、子どもたちにとって振り返りやすいテーマです。また、そもそも、子どもたちにとっては学年が1つ上がることも大きなイベントです。去年と同じクラス、同じ友達、同じ先生であったとしても、進級はとてもおめでたいイベントです。

　「今年は、どんなクラスにしたいか」などのテーマは、子どもたちにとって書きやすいテーマです。もちろん、先生も子どもたちに「今年は、こんなクラスにしたい」と伝えましょう。新学年の年間イベントも見通します。これから始まる1年に、子どもたちはドキドキワクワク。そして、先生のお話は、子どもたちがジャーナルを書く際のグッドモデルになります。ぜひ、照れずに素直な言葉で、めざすクラスを伝えましょう。そして、そんなクラスを一緒につくっていこうと丁寧に呼びかけます。

※5 〔教室リフォームプロジェクト〕

岩瀬学級では、年度初めに教室リフォームを行っていました。自分たちの教室を、自分たちの手で、学びやすく、過ごしやすくするプロジェクトです。教室の一角に畳を並べて、くつろげる畳コーナーをつくったり、窓際に人工芝で緑を添えてみたり、先生の机を教室の後ろに持っていったり、教室の様子が一変します。ぜひ、新年度初めのイベントとして、挑戦してみてください。詳しくは、岩瀬直樹編著『子どもとつくる教室リフォーム』（学陽書房、2017年）を参照のこと。

例えば、体育の授業でバスケットボールの試合がある日は、朝の会で「今日はバスケの試合ですね。みんな全力で頑張ろう。振り返りジャーナルのテーマももちろん、バスケの試合にしたいと思います。自分や友達、チームの活躍といった様子をしっかりと観察しておいてください」と声をかけておきます。観察の視点をもった子どもたちは、その時間、そのつもりで過ごします。試合後は、勝っても負けてもチームで振り返る時間を設けます。最初の1週間では、先生もこうした振り返りの呼吸をつかむ練習をしましょう。

最初の1週間は書きやすいテーマを

　最初の1週間には、書きやすいテーマを選んで、書く楽しさを感じられるようにします。例えば、次のようなものが挙げられます。

○新しい学年になった今の気持ち　　　○今年頑張りたいこと、今、頑張っていること
○どんなクラスにしたいか　　　　　　○こんな先生になってほしい
○自己紹介します！　　　　　　　　　○身体測定を終えて
○離任式の先生たちへのメッセージ　　○今日の発見
○はじめての算数の授業！　　　　　　○私の推し！やチャンネル
○おすすめの○○　　　　　　　　　　○私の好きな教科＆苦手な教科
○今日楽しかったこと　　　　　　　　○私が大切にしていること

　最初の1週間は、初めてのことばかり。最初の印象を書き留めておくことで、のちに自分たちの成長を振り返ることもできます。

これらのテーマは、もちろん初めの1週間以外でも使うことができます。クラスの状況によってテーマを使い分けながら、最初の1週間で振り返りジャーナルの楽しさを実感しましょう。

1週間の最後には「1週間を振り返って」をテーマに ||||||||||

1週間の最後の日は、振り返りジャーナルの真価を発揮する最初の大きなチャンスです。「クラスが始まって1週間が経ちました。振り返ってみましょう」と声をかけ「1週間を振り返って」というテーマに挑戦してみましょう。この1週間にあったことをみんなで思い出してから、一人ひとりが振り返りジャーナルに向かいます。あっという間の1週間。子どもたちもすでに忘れてしまっていることもあるかもしれません。できれば、「1週間のクラスの成長の記録」のようなスライドショーを準備して、みんなで視聴してから振り返りジャーナルに向かうのがおすすめです。

この振り返りの成功には、最初の1週間がどの子にとっても「これから始まる1年が楽しみ！」と思える日々であることが欠かせません。もし、そうでなくても前述のとおり、最初は「うまくいったこと」を中心に振り返りましょう。

新年度最初の1週間は忙しくて大変な時期ですが、だからこそ、見通しをもって取り組みましょう。

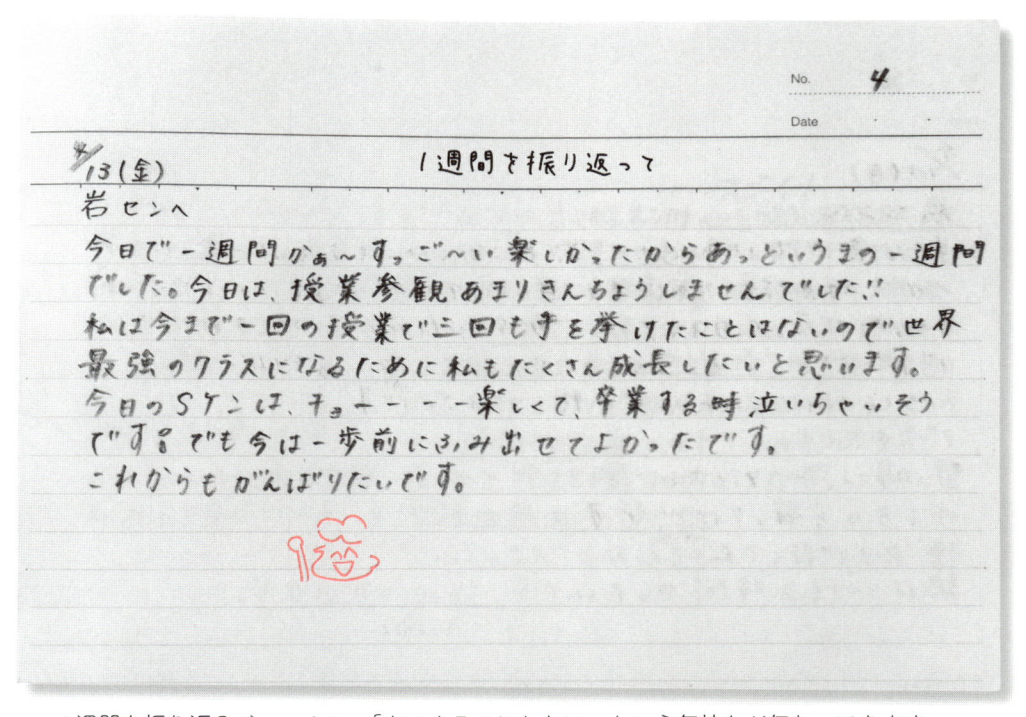

1週間を振り返るジャーナル。「よいクラスにしたい」という気持ちが伝わってきます。

フィードバックの書き方

フィードバックは短く簡潔に ||||||||||||||||||||||||||||||||||||||||||||

　この写真は、道徳の時間に「赤ちゃんが生まれたときのこと」というテーマの授業を行った日の振り返りジャーナルです。

　このジャーナルを書いた子は、当時1年生ですが、家族から聞いた自分が生まれたときのことを思い出しながら、たくさんのことを書いています。家族からの愛情がうかがえる、温かいジャーナルです。

　これに対して、先生からのフィードバックは簡潔すぎるように見えるかもしれませんが、1ページに対してはこれくらいのフィードバックが適量です。

　ジャーナルにフィードバックを書くときは、子どもたちの書いた文章に赤ペンでアンダーラインを引き、コメントがある場合はその横などにひと言書き込みます。コメントを添えるのは、1ページで1か所か2か所程度。共感や応援したいところがたくさんある場合は、もう少し増えても OK です。

フィードバックは、相づちのようなもの。「うんうん、なるほどなるほど、わかるわかる」と、まるで先生が子どもの話を聞いているようなイメージです。先生が自分の毎日を励まし、応援していると子どもが感じるフィードバック。そのためには、子どもが共感してほしいポイントを読み取って、そこにフィードバックします。たまに子どもに「そこ？」と思われることもありますが、練習を積み重ねましょう。

問題をフィードバックで解決しようとしない |||||||||||

　続けるうちに、深刻な悩みが書かれた振り返りジャーナルに出合います。子どもたちから先生への大切な SOS です。真剣に考えるあまり、ついついコメントが長くなりがちですが、コメントで解決はしません。

　フィードバックでは、「心配しているよ。いつでも相談に来てね」と伝えます。そして、直接、話を聞くなどして、解決方法を探しましょう。振り返りジャーナルで解決しないのがポイント。直接のコミュニケーションで寄り添うのが鉄則です。

　また、普段あまり書かない子が突然、たくさん書くと嬉しくなってコメントを書いてしまいがちですが、ここはグッと我慢して、いつもどおりを心がけましょう。

　そして、「今日の振り返りジャーナル、たくさん書いていたね。嬉しかったよ。もう少し、詳しく教えて」のように、直接、声をかけます。子どもがたくさん書いても書かなくても、先生は安定的に受け止めて、いつも子どもたちを応援しながら、共感的なフィードバックを書き、何かあったら直接、話します。

フィードバックの基本

こんなフィードバックは危険！

温かいフィードバックを書こう ||||||||||||||||||||||||||||||||

　振り返りジャーナルのフィードバックは、簡潔で共感的な応援や励ましのメッセージを書くのが基本です。まるで先生が子どもの話を聞いているような「相づち」や、「一緒に頑張ろうね。応援しているよ」という励ましを伝えます。

　相づちの言葉は、94ページに掲載されている「ホワイトボード・ミーティング®質問の技カード」を参考にしてください。「うんうん」「ナルホド」や「OK！OK！」のように短い言葉でフィードバックを書く練習をしましょう。短くても子どもの心に確実に届くフィードバックを書きます。

　慣れてきたら子ども同士で振り返りジャーナルを交換し、お互いにフィードバックを書く体験をします。そのためにも、クラスに温かいフィードバックの言葉が日常的に溢れる学級経営をめざします。

よく使うシンプルなフィードバックの言葉の例

相づち

うんうん／ナルホド／わかる、わかる／そうなんだあ／
へ〜だよねえ／それで、それで？／そっかあ

肯定

OKOK／ありがとう！／ナイス！／グッジョブ！／おお！／
スゴイ！／やったね！／すばらしい！／ぜひぜひ！

失敗をしたとき

残念！／アララ／どんまい、どんまい／大丈夫！／
一緒に考えていこう／心の底から応援！／一緒に頑張ろう！／
いつでも相談に来てね

感謝を伝える

助かりました／これからもよろしく！／頼りにしてます／
ありがとう！

これは避けたい危険なフィードバック ||||||||||||||||||||||||

●反省を促すフィードバック

　振り返りジャーナルが続かないいちばんの原因ともいえるのが、反省を促すフィードバックです。振り返りジャーナルと反省文の違いは、以下の点にあります。

> **反省文**
> ➡起こったミスやトラブルを謝罪する文章。
>
> **振り返りジャーナル**
> ➡うまくいったこと、ミスやトラブルを考察、分析し、強みを活かして、次のチャレンジへとつなげる文章。

　先生は振り返りジャーナルの文章から子どもの強みを見つけ、共感や応援を示して、エンパワーするのが基本です。子どもの次のチャレンジを応援します。

●書き過ぎのフィードバック

　40人分を20分で書くのが基本。子どもの文章を読んで嬉しくなったり、悲しくなったりすると気持ちが動いてしまい、たくさん書きがちになりますが、控えます。振り返りジャーナルで何もかも解決しようとしません。

●評価をするフィードバック

　「よくできました」「がんばりましょう」などの押印や言葉は書きません。また、文章に丸や花丸もつけません。

フィードバックをしよう①

強みを強化しよう

子どもの強みが書かれているジャーナルは、フィードバックしやすいジャーナルです。適切なフィードバックで、子どもの自己肯定感と、書くモチベーションを温めます。先生からの承認を伝えましょう。

このジャーナルの背景

このジャーナルは、いつも元気なえいたくんが、休み時間の様子を報告してくれたジャーナルです。えいたくんはこの日、鉄棒でなんと30回も逆上がりに成功したようです。自信満々で書かれたジャーナルに、どのようにフィードバックしますか？

えいたくん
1年生

No.
Date 5・13

　　　　ちょん先生へ

これびっくりするでしょ。
きょうてつぼうで。これはび
くりするとおもう。30回さかあ
がりしました。中休みだけで。
どうすごいでしょ。
　　　　　それは…かみわざ‼

Point！

「すごいでしょ」という言葉がとてもステキです。ハイタッチをするときには、「スゴイね！」と声をかけます！

Point！

先生からのフィードバックは、最上級の栄誉をたたえる言葉をピンポイントで。喜ぶえいたくんの顔が浮かびます。

強みを強化するポイントを読み取る

　鉄棒で逆上がり30回に懸命に挑戦している様子が目に浮かびます。「よく頑張ったね！」と、思わず声をかけたくなる振り返りジャーナルです。教えてくれたことに感謝を示すとともに、先生からのフィードバックで子どもの強みも強化されます。

　他のジャーナルも、基本は同じです。子どもたちの強みを読み取り、励ます（強化する）フィードバックをします。

　承認を伝えやすいときは、積極的に、素直にフィードバックしましょう。

　先生からの肯定的なフィードバックを受けて、子どもは翌朝それを読み、エンパワーな1日をスタートします。

漢字を習ったり、跳び箱が跳べるようになったりして、自分の成長を実感しています。この中にある強みを強化する励ましをフィードバックしましょう。

肯定的なテーマで「強み」を共有する

　子どもたちには、それぞれ何かしらの好きなことや頑張っていることがあります。

　例えば、テーマを「自分のすごいところ」にすると、クラス全員の「強み」を一挙に集められます。先生が子どもたちの強みを知り、理解するためにも初期におすすめのテーマです。子どもたちの意外な一面を知るチャンスになります。

　単学級で1〜6年まで同じメンバーで進級してきたクラスに突然異動したときも、このテーマであれば、一気に子どもたちの強みを知ることができます。子どもたちも、自分たちのことを先生にわかってもらえて幸せです。わからないことは、子どもたちに教えてもらうのがいちばん。肯定的なテーマを積極的に採用しましょう。

　まずは、子どもたちの強みを共有するところからスタートしましょう。そして、先生と子どもたちの間に信頼関係が構築できたら、難しいテーマにも取り組みます。そのときにも、この強みをエンパワーしながら進めます。

フィードバックをしよう②

心の動きを捉えて共感を示す

フィードバックする際は、子どもの心の動きが表れている部分を捉えて、的確に共感を示します。特に行事やイベントの日のジャーナルには、子どもの心の動きがはっきりと表れます。どんなところに共感すればよいか、実際のジャーナルで見てみましょう。

このジャーナルの背景

みかさん
1年生

クラスで「かいしゃパーティ」を開いた日に、みかさんが書いた振り返りジャーナルです。グループごとの出し物を会社に見立て、「くじ」「うでずもう」「うたがいしゃ」といったさまざまな企画が実施されました。楽しいクリスマスになった様子が伝わってきます。

> 12/24
>
> かいしゃパーティがたのしかったです。
> スライムをつくったのがたのしかった
> うんうん
> くじがおもしろかったです。
> うでずもうがたのしかった。 } すてき!!
> くいずがたのしかった。
> うたがいしゃのうたがうまかった
> ビデオーが、すごかったです!!
> 本にさすのもたのしかった。
> こんどのときには、もっとたのしくしたいなー。
> こんどのときには、もっともっと、おみせがふえるといいとおもう。 なるほど！
> きょうは、とっても、とっても、とっても、とっても、たのしかったなー。
> メリークリスマス クリスマスイブ

Point！

自分たちで企画した活動がとても楽しかったことが伝わってきます。先生も嬉しくて、たくさん線を引いています。

Point！

ひとつの成功が次への道を拓きます。子どもからの提案には積極的に共感のコメントをします。

まずは小さな成功をたくさん経験しよう

　毎日、小さな成功体験があれば、振り返りジャーナルも書きやすくなります。

　特に書き始める時期には、楽しい機会をたくさん用意します。年度初めのように特に忙しい時期はチャンスです。「○年生になって初めての給食はどうだった？」「今日の体力測定のチャレンジでうまくいったこと、いかなかったことを振り返ろう」など、日常にあるイベントを子どもたちが楽しめるように、先生がインストラクションを工夫します。

　日常にある楽しみを見つけ、小さな成功体験を積み重ねて振り返りを続けていると、子どもたちの中に振り返りの回路が開通します。

　そして、学校のメインイベントは授業です。子どもたちが「楽しかった！」「わかった！」「成長した！」と振り返りジャーナルに書けるように、日々の授業を工夫していきましょう。

No. 23
DATE 5・30・水

イワセンへ

テーマ　2組とたたかったぞ〜っ！
自分のベストをつくせなくてザンネーニ！！1時間目はベストをつくせたのに、5時間目は出せなかったよー☹またもや…くやしい！くやしい！くやしいーっ！　　　がねんざしちゃった…。ピンチ…。　　　が早くなおるといいなぁ〜。私のチームが勝つためには5人全員が必要だからーっ。まあ、今日は3勝1敗1引き分け。　　　がシュートを決めて、　　　はリフェンス。　　　ちゃんはドリブルが上手！私だって何かしたいのに。試合になると全然ベスト、力がはっきできないーっ！はぁツバウンドもとれないしー。もっとがんばんなくっちゃ！

じゃ、バイバーイー♡

Point！

こちらはミニバスケットボールの試合に負けて、「くやしい！」という気持ちが表れたジャーナルです。スタンプで気持ちを受け止めて直接子どもに応援の声をかけます。

時には先生が謝っても OK

振り返りジャーナルに子どもから先生への "お叱りの言葉" が書かれることがあります。ドキドキするかもしれませんが、こうしたやりとりは先生と子どもの間に信頼関係が築かれている証でもあります。安定的に受け止めて、素直な気持ちを示しましょう。

このジャーナルの背景

このジャーナルには「せんせいこら」と先生を叱る言葉が書かれています。いつも元気いっぱいのえいたくんですが、この日は先生の行動に疑問を感じたようです。えいたくんからの指摘に、先生はどのように答えたらよいでしょうか？

えいたくん
1年生

No.
Date 1・22 金

たのしかったこと

むかしあそびがたのしかった。
せんせいこら。
きゅうしょくのもぐもぐタイムに
なんでしゃべったんですか。

ごめんなさ～い!!

Point！

子どもからのお叱りの言葉。初めて受け取るときはびっくりしますが、コミュニケーションが一段深まった証拠です。

Point！

先生は「ごめんなさ～い！」と答えています。ジャーナルの中では簡潔に謝り、必要なら直接、話しましょう。

子どもに叱られることだってあります

おしゃべりせずに給食を食べる「もぐもぐタイム」に、先生が少ししゃべってしまったようです。「なんでしゃべったんですか」と子どもに叱られてしまいました。これも振り返りジャーナルで見られる微笑ましいやりとりのひとつです。

先生だって間違えるし、子どもだって、「先生、昨日はああ言ったのに、今日は違うことを言っている」と不満に思う場面も、きっとあるはずです。ただ口に出しては言いにくいものです。

でも、振り返りジャーナルがあれば、そんな"子どもたちが口には出せない思い"も文章にして伝えられます。こうしたやりとりで、お互いの信頼はより高まります。時には先生が謝る姿を見せるのはとても大切。それが結果として、子どもにとって、よきロールモデルとなります。

先生が子どもに謝るということ

このジャーナルの中では、子どもからの指摘に対して、先生が「ごめんなさ〜い!!」と応えています。子どもの指摘を受け止めつつ、深刻になりすぎない温かいコミュニケーションです。

先生が子どもに謝る姿に抵抗を感じるかもしれません。でも、もしここに「先生に『こら』なんて言葉を使ってはいけません」と書いたら、この子はどう感じるでしょう。自分の思いが伝わらずにガッカリして、「どうせ書いてもムダ」と思ってしまうと、クラスにダブルスタンダードができてしまいます。やがて先生の望む内容を振り返りジャーナルに書くようになると、振り返りジャーナルは形式的になり、効果のある取り組みにはなりません。

大人だって間違えるのは当たり前。人として対等な存在です。必要なときは誠実に謝罪します。それは先生にとっての「振り返り」の大切な場面です。

でも、先生が謝る場面が何度も続くと、子どもたちの信頼は失墜します。先生はいつも自分やクラスの進む方向を示す安定的な温かい存在であり、それは子どもたちが健やかに育つための大切な環境なのです。

先生が穏やかに話すこと

先生が穏やかに話すクラスは、子どもたちも穏やかな雰囲気になります。先生が怒ってばかりいると、子どもたちも怒ってばかりになります。「うちのクラスは穏やかなんです」と話す先生の口調は温かく、「うちのクラスはザワザワして落ち着かないんです」と話す先生は冷たい口調になりがちです。ロールモデルは大切です。

コメントは書きすぎないように

先生はたくさんフィードバックを書くべきという考え方もあるかもしれません。けれど、振り返りジャーナルを持続可能な取り組みにするためには、フィードバックはシンプルにします。実際に書きすぎのフィードバックを見てみましょう。

このジャーナルの背景

このジャーナルを書いたあやかさんは、この日まで給食で野菜を食べることができませんでした。この日は、決意して野菜に挑戦。見事食べきりました。先生はこれに喜び、少しコメントを書きすぎてしまったようです。

あやかさん
1年生

> No.
> Date 11・17
>
> ちょん先生へ
> がんばったこと
>
> きょう、きゅうしょくで、ぜんぶじゃ
> ないけど、やさいをたべることがで
> きました。
> やさいがたべられてよかったです。
>
> ほんとうに すごいよ‼
> いやなことを がんばるって
> すごーく 力に なります.

Point！

給食で初めて野菜が食べられるようになったことを先生に報告。とても嬉しいジャーナルです。

Point！

嬉しくなって、ついコメントをたくさん書いてしまいがち。これでも書きすぎなくらいです。

嬉しいときこそ要注意

　いつも給食になると元気がなかったあやかさんが、今日は苦手な野菜も食べた！ とっても嬉しい記念日です。あやかさんの成長に、先生も嬉しくなり、フィードバックにもいつもより力が入ってしまいました。でも、この気持ちはわかりますよね！

　でも、これはちょっと書きすぎです。「えっ、これだけで!?」と思うかもしれませんが、フィードバックはひと言が基本。素直に喜びに共感して、強みを強化するフィードバックを書きます。そして言葉で直接、喜びを伝えましょう。ハイタッチもおすすめです！

安定的なフィードバックを続けます

　フィードバックは、日によって大きくコメントの量が変動しないようにしましょう。今週は時間があるからたくさん書き、次の週は忙しいからスタンプだけというように、極端に変化すると、子どものモチベーションも下がります。

　また、たくさんフィードバックを書いていると、忙しくて書けなくなったとき、先生自身、子どもに「申し訳ない」という気持ちになり、振り返りジャーナルのハードルが上がってしまいます。フィードバックは、スタンプだけでもガッカリ感を出さないのが基本。コメントを書いていなくても、話題にして、ちゃんと読んでいることを伝えます。

　その子と話すときの話題になっていれば、「あー、本当に心をこめて読んでくれているなぁ」と信頼が生まれます。

普段からたくさんコメントを書いていると、スタンプだけになったときのギャップが大きくなります。振れ幅が大きくならないよう、普段のコメント量をセーブすることも大事です。

ちょんせいこの
ワンポイントアドバイス①

> 子どもたちの声を集めて
> 「自己評価シート」をつくろう！

　私の仕事はファシリテーターです。ファシリテーターとは、教室や職員室に豊かな対話を育んで、学びを深め、探究を促進する役割であり、そのための進行技術をもつ人です。私たちは、先生や子どもたちがファシリテーターになる「信頼ベースの学級ファシリテーション」の提案を進めています。

　振り返りを進めるときに、ホワイトボード・ミーティング®（94ページ参照）の手法を使って、子どもたちや先生と評価基準づくりに取り組んでいます。ただ漠然と振り返るのではなく、皆さんの声を集めて、その場で評価基準を定めて振り返るためのスケールをつくるのです。ぜひ、試してみてください。自分たちの声や対話で評価基準をつくると説得力が増します。

　スポーツの試合の評価基準づくりをモデルにして説明します。

[進め方]
①どんな試合がダメか、NG の例を子どもに問い、黒板の左側に書き出します。
②5 個程度の声を拾って書いたら、「➡」を書いて NG の横に OK の例を書きます。
③その右側に 5 段階のスケールを書きます。
④スケールに沿って、自己採点します。
⑤いきなりすべてを 5 にするのは難しいので、まずは＋1 をめざします。
⑥特に取り組むことを 2 つ決めて、意識して取り組みます。
⑦終了後にその 2 つについて振り返り、具体的な改善方法を考えます。

例 ....

NG	OK					
①ダラダラ動く	➡ ①テキパキ動く	1	2	3	4	5
②声を出さない	➡ ②適度な声を出す	1	2	3	4	5
③パスの出し方が悪い	➡ ③パスの出し方を工夫する	1	2	3	4	5
④連携が悪い	➡ ④連携して動く	1	2	3	4	5
⑤チャンスを逃す	➡ ⑤チャンスを活かす	1	2	3	4	5

第3章

振り返りジャーナルを
続ける

振り返りジャーナルの効果は、続けていくことによって生まれます。
けれど、続けるためのコツを知らずに進めていくと、どこかで無理が
生じて、途中で続かなくなってしまうことがあります。ここでは、無
理なく続けていくための方法を解説します。

無理なく続けるための工夫

ポジティブなテーマ設定と学校行事の活用

最初の2か月はポジティブなテーマをベースに

コミュニケーションには段階があります。初期は明るく、楽しい、浅い話でいいからコミュニケーションの量を増やして、いろいろな人とたくさん話をします。このプロセスを十分に経験し、ある程度の量が溜まるとコミュニケーションの質が高まります。そうなると、ちょっと深刻な深い話もじっくりできるようになります。挨拶もできない関係では、難しい課題を話し合うことはできません。だから、新学年になったら、まずはたくさん楽しい体験をして対話をしましょう。

しかし、よいコミュニケーションは自然発生しにくいものです。ですから、プロジェクト・アドベンチャー（PA）[6]やホワイトボード・ミーティング®[7]などもおすすめです。さまざまな手法や機会を活用し、子どもたちがかかわり合うチャンスをたくさんつくります。

前提として大切なのは、子どもたちの学校生活に明るく、楽しい時間がたくさんあること。例えば、"できていて当たり前"のことにも、先生がその価値を見つけて、子どもたちに言葉でフィードバックをすると、「そうかあ。これって、そんな価値があるんだ」と、子どもたちの強みがエンパワーされます。

「いつも給食の準備がテキパキしているよね」

「今日の算数の時間、最後の5分すごく集中して頑張れていました」

などなど、です。

肝心なのは先生の言葉がけで、子どもたちの心を冷やしてしまわないこと。

「給食を食べるときだけ、早くに準備しているね」

※6〔プロジェクト・アドベンチャー（PA）〕──────

グループでの遊びや冒険活動を通じて、チームワーク、友達との協力、成功体験、達成感、ドキドキワクワクのチャレンジ、葛藤などを体験し、最終的に「私って、なかなかやるな！」というポジティブな自己概念をつくること、「私たちって、やれそう！」と友達との信頼関係を気づくことを目的としたプログラム。ワンセンテンスで言えば、「自分への自信をもつことと友達を信頼することを体験を通して学ぶプログラム」です。詳細はプロジェクトアドベンチャージャパンのHP（http://www.pajapan.com/）や甲斐﨑博史『クラス全員がひとつになる学級ゲーム＆アクティビティ100』（ナツメ社、2013年）を参照のこと。オススメです。

※7〔ホワイトボード・ミーティング®〕──────

ホワイトボードに意見やアイデアを集め、可視化しながら参加者の力が活かされる会議の進め方。授業では一人1枚のミニホワイトボードの活用からスタートし、さまざまな場面の話し合いを効果的に進めます。2003年にちょんせいこ（株式会社ひとまち代表）が開発し、ビジネスから学校現場まで、多様な領域で取り組まれています。

「今日の算数の時間、集中できていたのは5分だけでした」

同じ状況に対するフィードバックでも、先生が着目する視点が変わるとフィードバックも変わり、子どもたちの心が冷えてしまいます。

振り返りジャーナルも同じです。1学期の最初は、まず「今日1日の中にあったよかったこと、楽しかったこと」に注目したテーマ設定をします。

「給食の準備がテキパキできている理由について考えてみよう」

「今日の算数の時間、最後の5分すごく集中してやってみて、どうだった？」

強みを振り返ることに慣れてきたら、

「今日は失敗した理科の実験、次回こそうまくいく方法を考えてみよう」

「今日の算数の学び方を振り返って、自分も友達もわかるようになるためには？」

のように、振り返りジャーナルのテーマもレベルアップします。

ところで、学校生活で子どもたちが楽しいと感じる体験って、何でしょう。例えば、ドタバタで楽しいお笑い漫才。人気コンビが学校を訪れてコントを繰り広げたら、子どもたちはとても楽しく、喜びます。でも、それが毎日続くと、子どもたちは楽しいでしょうか。中には「毎日、超楽しい！」という子もいるかもしれません。しかし、多くの子どもたちは飽きてしまいます。

子どもたちの学校における楽しみは、自分や友達、クラスの成長です。日々の授業の中に自分や友達が活躍する場面があり、クラスに安心と安全と承認があり、勉強がわかる。学ぶことが楽しい。教室には、そんな成長のエピソードがいっぱい生まれます。

そこには当然、苦しくて辛い試行錯誤もあります。対立だって起こります。でも、クラスのコミュニケーションが上手に育まれていたら、子どもたちは共に試行錯誤をしながら、対立を力に変えて乗り越えます。

明るく、楽しいことばかりでは物足りなくなるのです。

成長曲線の最初、特に始めて2か月は、テーマを楽しかったことやうまくできたことに注目し、振り返る価値を実感する期間にしましょう。2か月はおよその目安です。強みを振り返ることに慣れている場合や、最初から深い対話ができるクラスは、難しいチャレンジについても早くから振り返れます。

学校の行事は振り返りのチャンス

運動会や遠足といった学校行事やさまざまなイベントは、子どもたちの気持ちの大きな動きがあります。こうしたイベントを丁寧に振り返ると、子どもたちの思考や思いも強く深いものになります。「行事が終わってよかった」とやりっ放しにするのではなく、丁寧に振り返って、次の学びや成長へとつなげましょう。子どもたちも振り返りジャーナルの効果を実感し、モチベーションも高まります。

大切なことは、学校行事の当日だけでなく、「運動会まであと3週間！」といったタイミングで、その行事に向けたプロセスをテーマとして採用することです。大きなイベントの前は、特に意識して「○○まであと○○日！」をテーマに振り返りジャーナルを

書くようにしましょう。

　ゴールまでの道のりが意識できると、練習や準備の到達段階、そしてこれからを見通せます。例えば、運動会でソーラン節を踊るときには、練習が始まった日には「○○小ソーラン節いよいよスタート！」というテーマでジャーナルを書きます。しばらくして、「運動会まであと1週間、これまでの道のりと明日からのチャレンジ」というテーマで書くと、これまでの練習での成果や成長が実感でき、次の課題も焦点化されます。

　このときも、普通にできていることの価値を先生や友達同士でフィードバックしてから、次のチャレンジを考えましょう。

No. 27
Date 6・7・金

いよいよ明日ミニバス大会!!
岩センへ
ドキドキするね!!
うわ～チョーきん張するぅ～でも、がんばらなきゃ!!
1カ月でいろんなことがあったけど、みんなよくあきらめなかったな～と思う。
この1カ月でなにがあったかな??
まず、南小とやるという発表。その時は、ぜったい勝てないよと思ったけど…
でも、1日約3回練習をしただけそれも少しの時間でよくここまで上達したと思う。ね!!
だってみんなもう、ミニバスを習っている人をこすようなカンジだもん。
でもここまで練習したらぜったい勝てると思う!!! 先生も応えんするね!

無理なく続けるための工夫

どうしても時間がとれない場合

休みの日を決めておく

振り返りジャーナルは基本的に毎日続けるものですが、どうしても難しい場合があります。その場合は、お休みの日を決めておくのもひとつの方法です。例えば、「水曜日はお休み」「週に1回はお休みする」など、子どもたちと見通しを共有しておきましょう。

避けたいのは「不定期実施」。振り返りジャーナルを書く日と書かない日が混在すると、書きたい子も苦手感をもつ子も「ええ〜！」と苦情を訴えます。この声に担任の先生はけっこう傷つくもの。

だから、毎日が難しい場合は、最初から「木曜日はクラブがあるから振り返りジャーナルはお休みの日」のようにルールとして決めてしまいましょう。

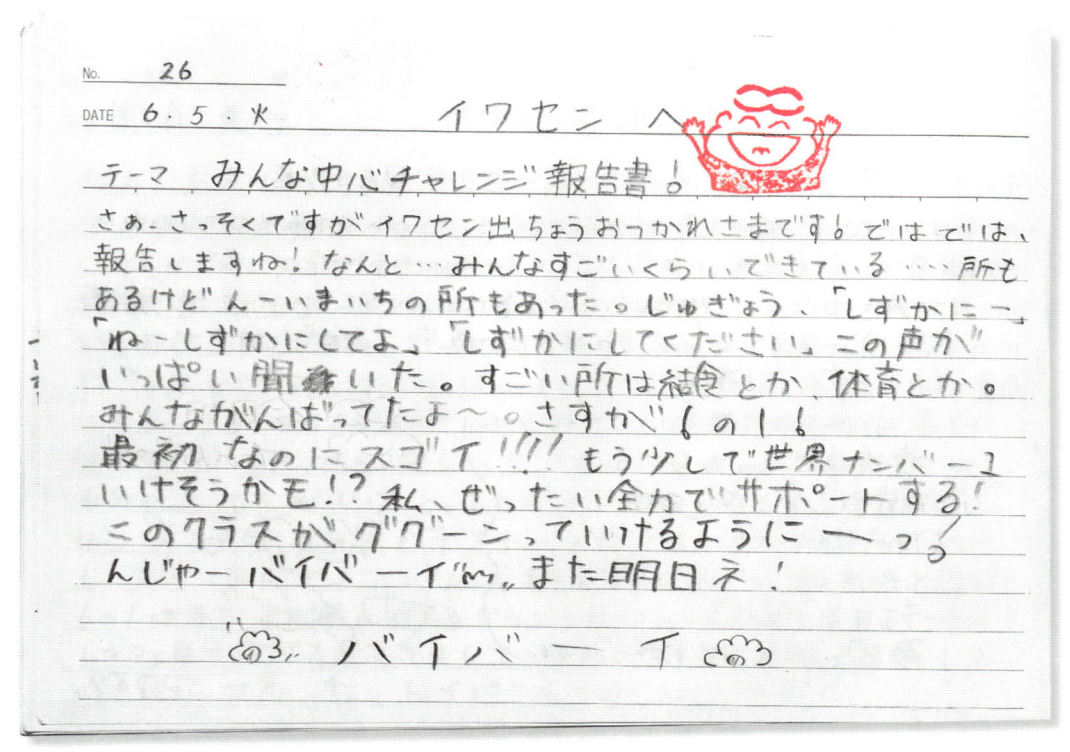

慣れてくれば、先生が出張した日にも振り返りジャーナルに取り組むことができます。先生の出張中の出来事や、クラスの様子についての報告は、クラスの成長を確認できるよい指標にもなります。

また、忙しい日に「今日は時間がないから３分で書きましょう！　３行だけでよし！」というやり方も NG です。帰りの会に何かやるべきことがあって、書けなくなりそうだという日は、授業中に時間をとるか、前もって休みにしてしまいましょう。忙しいからざっと適当に書いて OK という体験は、活動を形式的なものにしてしまう危険があります。

もし１週間、お休みしてしまったら？

　それでも、やむを得ない事情があって、「１週間お休み」になってしまう期間もあるかもしれません。そんなときはリスタートしましょう。深刻に捉える必要はありません。日常に戻して再開しましょう。

　とはいえ、振り返りジャーナルを始めてすぐに１週間もお休みの期間が来てしまうのは、よくありません。できれば、１学期の間は頑張って続けましょう。

　そして１週間、お休みするときも「明日からの１週間は忙しいので、振り返りジャーナルはお休みにします。１週間後にまとめて振り返りをするので、気づいたことなどがあれば、メモをしておいてください。自分で書きたい人は書いてもいいですよ」と伝えておきます。

　再スタートするときは、あらためてジャーナルの大切さを伝えます（26ページ「価値のインストラクション」参照）。大切なことは、何度も何度もことばにしましょう。続けてきたからこそ実感できる瞬間が一人ひとりのタイミングで訪れるはずです。

宿題にはしない

　帰りの会で時間がとれなかった場合、つい宿題にしてしまいがちです。でも、振り返りジャーナルは自宅に持ち帰らないことが原則です。

　1日の終わりに、学校にいるその場で振り返ることで、まだ鮮やかな印象を言葉にできます。書くタイミングも大事です。教室で落ち着いて、みんなと一緒に集中して書く学習環境も重要です。だから、振り返りジャーナルは宿題にせず、学校で完結するようにします。

帰りの会に10分の余裕を

　振り返りジャーナルを書くのは基本的に帰りの会ですが、帰りの会でやることが多すぎると、時間が取れなくなってしまいがちです。そうした場合は、帰りの会の内容を見直しましょう。翌日の連絡などは帰りの会の前に済ませておき、帰りの会ではどうしても必要な連絡だけをして、振り返りジャーナルを書くようにすれば、5〜10分は十分捻出できるはずです。詳しくは62ページで解説します。

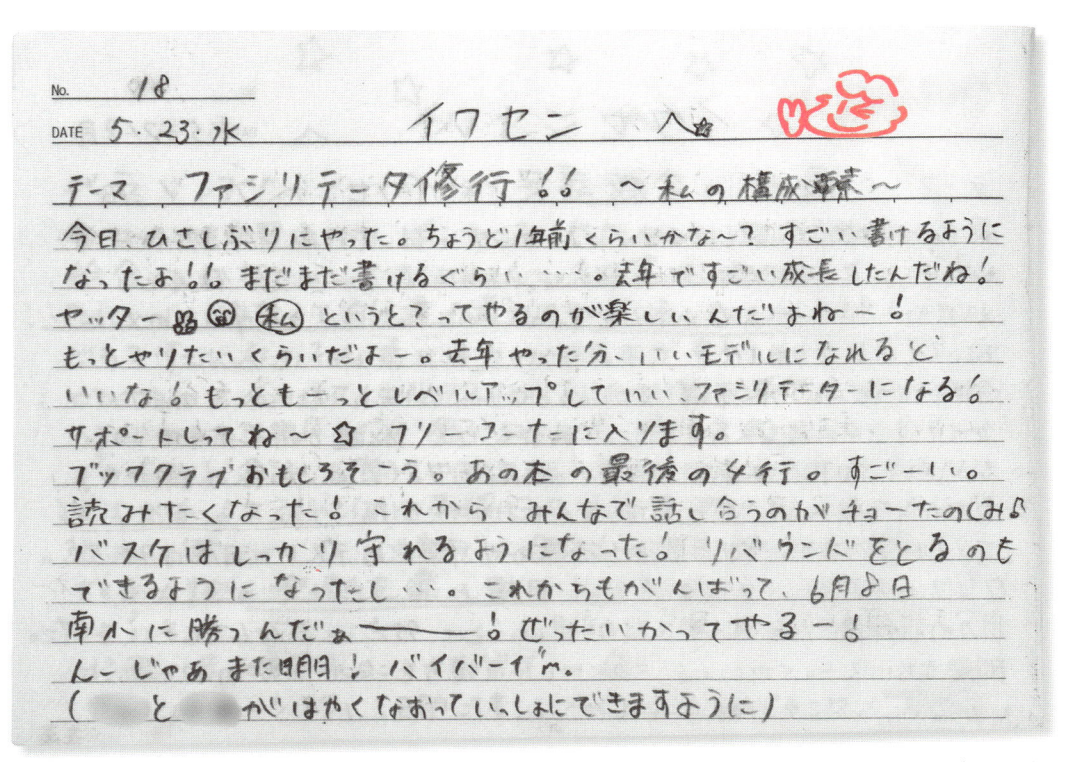

子どもたちは、1日を過ごしながら、「今日は振り返りジャーナルにこんなことを書こう」と考えます。たくさん書きたいことがあるのに、2分や3分で急いで書くのはモチベーションを下げる原因。十分な時間が取れるようにしましょう。

こんなとき、どうする？

どうしても書けない子が いたら

初めはモデルを示して書き方を練習する

「先生、何を書いたらいいの？」「特に書くことがない」「毎日、同じことを書いている」など、始めたばかりで、1日を振り返る習慣が身につく前の時期は書き方がわからず、振り返りジャーナルを前にして困ってしまった子どもたちの声が届きます。

いちばんのおすすめは、グッドモデルの提示です。

昨年度の振り返りジャーナルからお手本となるジャーナルを選び、モニターやタブレットに映して読み上げて、子どもたちにグッドモデルを示します。印刷をして配付するのもOKです。モデルがあると、子どもたちはめざすゴールが明確になり、「なるほど、こんなふうに書けばいいのか」と、見通しをもって取り組めるようになります。そのためにも1年の終わりには、「来年度、モデルとして紹介させてください」と、先輩の許可をとっておきましょう（または、この本の写真をモデルとして活用してください）。

モデルの示し方にもコツがあります。例えば、初日に4～5ページにわたってビッシリと書かれたモデルだと、「こんなのムリ～！」と子どもたちはへこたれます。だから、ちょっと頑張れば手が届く目標設定をします。子どもたちにとって親近感が湧くテーマや内容で、基本となる1ページの分量を上手に書いているグッドモデルを示します。

慣れてきた頃には、月日の経過とともに、だんだんと書く分量が増えて、内容が深

まっていく様子を時系列でモデルとして示すのもおすすめです。最初は書けなくても大丈夫。続けているうちに、こんなふうに書けるようになるはず！　と、ポジティブな予測をもって書き始める子どもたち。先生はそのプロセスを励まし続けます。

書けない子へのアプローチをスタートする

　振り返りジャーナルを続けていると、書けない子がいることもわかってきます。毎日、1行を書くのが精いっぱい。文章ではなく、絵ばかりを書く。毎日、同じ内容の繰り返しなど、うまく書けない情報が振り返りジャーナルに蓄積されます。

　子どもの成長が感じられず、先生も焦りますが、書けない事実も大切な振り返りです。「今日は楽しかった」と書かれた1行の振り返りジャーナルもまずは大切に受け止めて、「OK！OK！」のフィードバックを続けましょう。

　そして、次に振り返りジャーナルを上手に書けない理由を分析します。例えば、国語の作文は書くが、振り返りジャーナルだけは書けないのか。そのどちらも書けないのか。意欲の問題なのか。書き方がわからないのか、文字の認知に課題があるのか、字を書くこと自体に課題があり、パソコン入力であれば書けるのかなど、多角的に分析し、子どもと一緒に工夫を考えてアプローチします。

　工夫の方法はたくさんあります。例えば、「書く内容がない」と苦労している子には、こんなサポートの方法もあります。

①朝に振り返りジャーナルのテーマを発表する。
②休み時間や給食のときに、テーマについて子どもと対話や質問をする。
③その答えを先生が付箋にメモをして、数枚ためておく。
④帰りの会で、子どもはその付箋を時系列に並べて参考にして書く。
⑤何日か連続して繰り返し、分量を書く成功体験を積み重ねる。
⑥先生がインタビューして聞き書きする。

　まずは、付箋に書いた内容をそのまま書き写すことからスタートし、慣れてきたら、少しずつ工夫を提案します。ペアでの対話が成立するクラスになってきたら、対話を参考にして一人で振り返りジャーナルにチャレンジします。書けない子だけでなく、クラス全員が書けるようになる。お互いにサポートし合う関係づくりを進めましょう。

1ページ書くことの達成感

振り返りジャーナルでは、半分に切ったB5ノートを使います。1日5～10分で書く分量としては、これが適量です。1ページごとに日々の達成感が得られます。この達成感が振り返りジャーナルを続ける原動力にもなるのです。

こんなとき、どうする？

決まった枠に書けない子がいたら

字が罫線に収まらないとき

振り返りジャーナルでは、大学ノートを使います。罫線に文字が収まらず、2～3行分の幅を使って1行を書く子もいます。また、文章を右上がりに書いたり、右下がりになったり、落ち着かないときもあります。こんなときは、なぜそうなるのかを分析します。国語のノートや理科のノートは大丈夫だけど、振り返りジャーナルだけがそうなっているのか。他の教科も同じなのか。好きな絵を描いているときも右上がりや右下がりがあるのかなどを意識して分析すると、改善や工夫点が見つかります。

工夫としては、振り返りジャーナルに補助線を引くのが一般的です。縦の補助線を引いてマス目にすると、字形がうまく取れる子もいます。また、2行ごとに太めの横罫線を入れることで、右上がりや右下がりが改善するときもあります。自分の書いた字が日を追うごとに上手になる変化がわかるのも、振り返りジャーナルの強みです。成長が実感できると、子どもたちも楽しくなり、さらにジャーナルが充実し始めます。

Point！

子どもたちは漢字を新しく覚えるたびに使いたい思いがあふれて、こんな使い方をすることもあります。国語の時間への工夫が生まれる振り返りジャーナルです。

補助線はまず数ページ描いて試してみます。しばらくマス目があったほうがよいようなら、本人の許可を得て、マス目ノートに交換するのも OK です。実験的に数ページ分だけ使い、振り返りジャーナルに貼っておきます。字形が取れるようになってきたら、元の形式に戻しましょう。また、クラスの子どもたちに「補助線下敷き」を作成するボランティアを募るのも良案です。線を引くのが得意で好きな子たちに「発注」しましょう。クラス全員分をつくってもらい、「ありがとう」と伝えます。

SOS のサインを見逃さないように

　毎日、書くからこそ見えてくる風景があります。

　振り返りジャーナルは子どもたちを定点観察するツールでもあります。例えば、何か大きな事件が起こったときに、振り返りジャーナルを遡って読んでみると、子どもの変化がわかります。いつも丁寧に書いていたのに、文字がだんだんと乱れるようになった。たくさん書いていたのに、量が極端に減った。書いている内容からだんだんと追いつめられていく様子が浮かび上がってくるなど、子どもたちの変化の様子が如実に見えます。そのときはわからなくても、日ごとに変化していく状況の振り返りができるのは大きな強みです。

　定点観察は、先生だけの役割ではありません。子ども自身も自分の書いた内容を1日ずつ振り返って、自分の変化を定点観察できます。先生と一緒に振り返りジャーナルをめくりながら、「この日あたりから文字が荒れているけど、何か辛いことでもあった？」と子どもに話しかけて、相談のきっかけにします。

　もちろん、成長の定点観察も可能です。「この日をきっかけにグンと書く内容が充実してきたね」「始めた頃に比べると、こんなに書けるようになったね。特に、この時期から内容も充実してきたね」。そんな話ができるのも、振り返りジャーナルのよいところです。

帰りの会で書く時間が
なかなかとれない場合

帰りの会を見直そう

　振り返りジャーナルに取り組むのは、帰りの会が基本です。

　帰りの会は学校の1日の終わり。その日のことを振り返るのにちょうどよいタイミングです。帰りの会で振り返りジャーナルを書き、それを先生に提出して、同時に先生とハイタッチして、さようなら。1日に1回、全員とハイタッチができると、つながりを確認できて、先生も子どもたちもお互いに安心できます。これも先生と子どもとのつながりをつくる工夫です。

　しかし、「帰りの会には時間がとれない」場合もあります。集団下校だとなおさらです。そんなときは、帰りの会の進め方を見直します。帰りの会の改善活動に取り組みましょう。

　まずは、帰りの会で行う活動を付箋紙に書き出してみます。1枚の付箋紙にひとつの活動を書くのが基本です。その中で、他の時間に変更可能なものを動かしながら考えます。

例えば、明日の連絡や連絡帳の記入は、帰りの会でなくても、朝の時間やお昼休みなどにもできます。「1分間スピーチ」などの発表活動は、他の時間に変更可能です。従来の活動に追加して振り返りジャーナルに取り組むのは負担が大きくなりますが、帰りの会に振り返りジャーナルを書くという前提で進め方を見直すと、時間を捻出する工夫もできます。学校事情によるので「正解」はありません。勇気を出して既存の枠組みや固定概念に疑問をもち、時間確保に向けた改善や工夫を続けることが「回答」です。学年や学校で取り組むときに話し合ってみましょう。そして、アップデートし続けます。

子どもたちに「残業」をさせない

どんな活動も、時間通りに終わることが肝心です。

それは振り返りジャーナルも同じ。全員が書き終わるのを待って挨拶をすると、帰りの時間が遅れてしまいます。

待ち時間は子どもたちの心を冷やします。「めんどうくさい」と感じるようになり、振り返りジャーナルに対するモチベーションが下がり、内容もなかなか深まらないという悪循環に陥ります。また、時間が遅くなると、クラブに行く時間が遅れて迷惑をかけたり、ご家庭に心配をかけることもあります。

これは改善のチャンスです。

こうした事態を避けるために、振り返りジャーナルを書く時間を十分に確保しつつ、子どもたちが時間通りに帰ることができるような工夫をしましょう。

①給食の時間に連絡帳を書く。
②持ち物や週の予定は学級通信に書く。

まずは基本的な改善策として、上の二つが考えられます。そのほか、学校のしくみやクラスの状況によって、工夫の方法はさまざまです。子どもたちに"残業"をさせないしくみをつくりましょう。

ハイタッチで、さようなら

岩瀬学級の子どもたちは、帰りの会で振り返りジャーナルを提出したあと、先生とハイタッチをして帰ります。ハイタッチもまた、子どもたちと先生がつながるチャンネルのひとつです。無理やりハイテンションにコントロールするのではなく、子どもたちの気持ちに寄り添うために、ハイタッチにもバリエーションを用意します。身体接触が苦手な子もいます。その場合は無理して行わず、他の方法で子どもとのチャンネルをもちましょう。

あまり書いていないケース

クラスの子どもたちの大部分が、振り返りジャーナルをほとんど書かない。
毎日のジャーナルが1行や2行書いただけで終わってしまう。こんなとき、
先生はどうしたらよいのでしょうか。実際のジャーナルを見ながら、考えて
みましょう。

このジャーナルの背景

ゆいさんは、楽しいイベントがあった日には1ページ分のジャーナルを書くのですが、この日は書くことを忘れてしまったようです。先生は責めることはせず、忘れてしまったことに寄り添うコメントを返しています。

ゆいさん
1年生

> ちょん先生へ
> たのしかったこと
> きょうずこうで、
>
> No.
> Date 9.21 水
>
> うん うん…

Point！

きっと図工のときに何か楽しいことがあったのでしょう。けれど、途中で忘れてしまったのか、「きょうはずこうで」以降を書くことができませんでした。

Point！

先生は「最後まで書きましょう」などの指導はせず、忘れてしまった姿も受けとめて、苦笑いしながらも肯定するコメントを書いています。

「書かせなければならない」気持ちは横に置く

特に低学年では、時間を十分にとっても、まったく書けない日があります。このゆいさんのジャーナルのほかにも、下の写真のように「わすれちゃった」と書かれる場合もあります。

なんとしても「1ページ書かせる」と思うと、分量が少ない状況に問題を感じて、「あと3行だけでも書きましょう」や「ちゃんと書きなさい」と指導しがちです。時には、子どもから鉛筆を奪って、自分で書いてしまう先生もいます。

でも、焦らなくて大丈夫です。子どもたちも「書かされている」と思うと、振り返りジャーナルが苦しい活動になってしまいます。

子どもたちの不安な気持ちも「うんうん」と先生が上手に受け止めましょう。温かい愛情で子どもの育ちに寄り添う先生のしなやかさや、感受性の豊かさは子どもたちにも伝わり安心感になります。

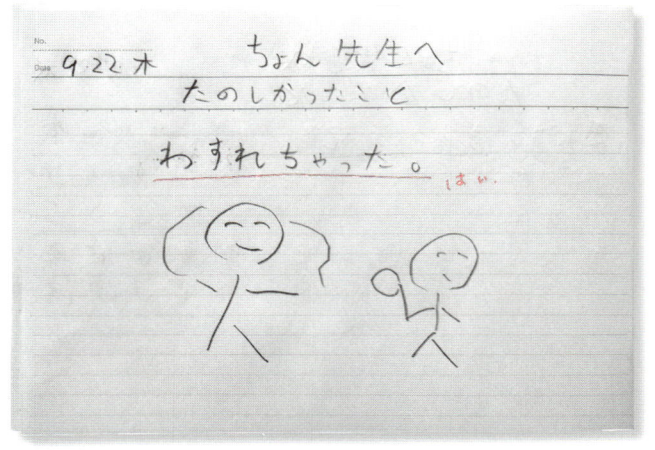

「わすれちゃった」と書いてあるジャーナル。下には楽しそうな絵が書いてあり、嫌なことがあったというわけではなさそうです。

なぜ、書けないのか。どのくらいの活動を積み重ねたら、書けるようになるのか。見通しをもちながら進めましょう。書けない理由に意味があります。今すぐ書けなくてもいい。1か月後、3か月後、学期末を見通して取り組みましょう。

書けない原因を子どもに求めすぎないように

大人の私たちも忘れてしまう案件があるように、子どもたちも忘れちゃうことがあります。

忘れない工夫はいろいろとありますが、まずは忘れちゃったことを温かく受け止め、下に描いてある楽しそうな絵に着目しましょう。そして時間があれば、この絵は何を表しているのか、本人に聞いてみましょう。読んで疑問に思ったことを対話のきっかけにします。

振り返りジャーナルに書きたいと思う内容があったら、すぐにノートや付箋にメモをするのも有効。大人になっても役に立つ技術です。振り返りジャーナルを書く前に、先生が今日の様子をまるで絵本のように楽しく、おもしろくお話しすると、子どもたちもイメージしやすくなります。

こんな振り返りジャーナルはどうする？②

文字の大きさにばらつきがあるケース

低学年にとっては、大学ノートの横罫線に書くことはハードルの高いチャレンジです。しかし、高学年になってからの振り返りジャーナルにつなげるためにも、低学年のうちから、このノートを使います。低学年にも使いやすいように工夫をしましょう。

このジャーナルの背景

あいかさんは当初、文字の大きさにばらつきがあり、またページにも余白が目立っていました。そこで、ノートに鉛筆で罫線を引き、2行に1文字の大きな文字で書いてみたところ、1ページを埋めることができ、文字もきれいになっていきました。

あいかさん
1年生

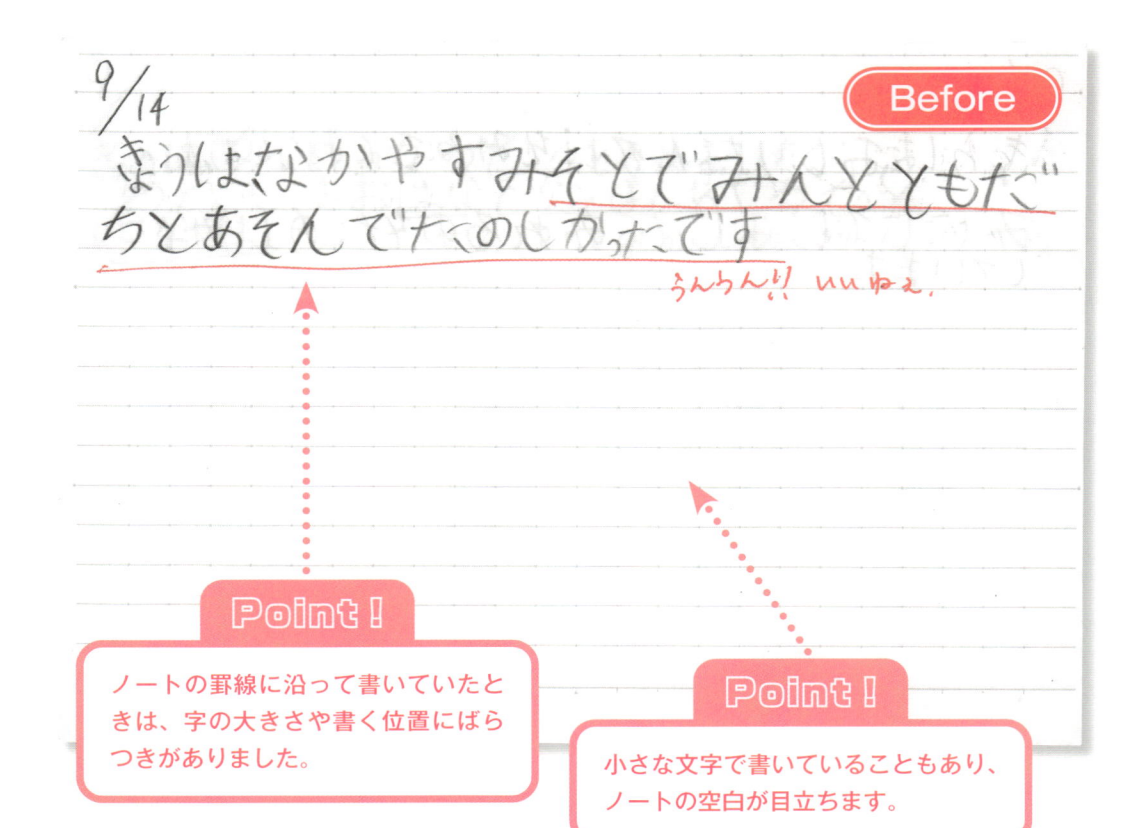

Point！
ノートの罫線に沿って書いていたときは、字の大きさや書く位置にばらつきがありました。

Point！
小さな文字で書いていることもあり、ノートの空白が目立ちます。

書けない理由を分析してチャレンジを設定する

あいかさんが「書くのが嫌い」と訴えてきました。

①字形がうまくとれない。②横にまっすぐ書けない。③句読点もあったり、なかったり。④鉛筆をギュっと握りしめて、筆圧が強い。⑤書く内容を考えてから書き始める（思考しながら書く作業に慣れていない）。⑥書く作業になると苦手意識が全面に出て意欲が低下する。①～⑤が複雑に絡みあって、⑥につながり、「書く」ことに自信がもてない様子でした。

そこで、まずは補助線を入れてマス目に書くと、横に流れていた字形がシャンと立つ文字に変わりました。「字がヘタではなかったね」の言葉に笑顔で「ウン」。「もう少し力を抜いて、ノートにやさしく書こう。やってみて。そうそう、その調子」と少し練習をしてから、①②④にまず取り組みました。③は国語の時間に、⑤はホワイトボード・ミーティング®の「聞きながら書く」の練習の積み重ねでクリア。小さな成功体験を続けていると、⑥もやがて解決です。

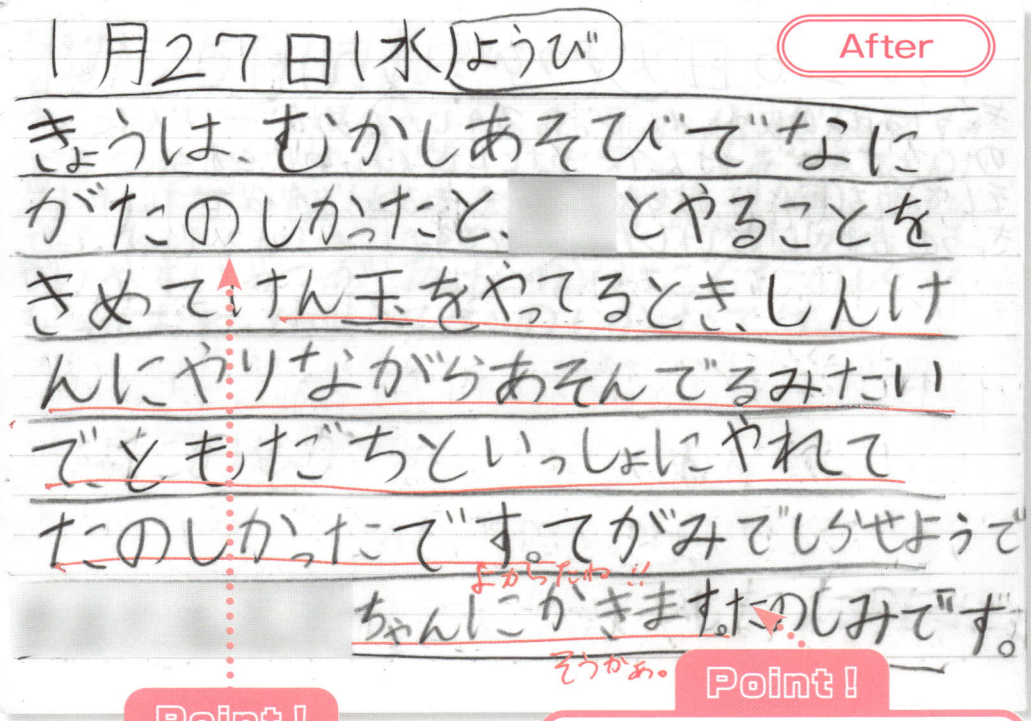

Point！

ノートの罫線2行につき1本、自分で線を書き、それに沿って文字を書いています。文字のバランスがとりやすくなりました。

Point！

文字が大きくなり、1ページが埋めやすくなると、途中で書くことがなくなっても、「もうすぐ1ページだから」ともう一歩振り返りを深める意識が出てきます。

こんな振り返りジャーナルはどうする？③

文字が間違っているケース

文字をきれいに書けていないジャーナルとは違ったパターンとして、文字を間違えているジャーナルもあります。基本的に、振り返りジャーナルでは文字の間違いを指摘しません。実際のジャーナルと先生のフィードバックを見てみましょう。

このジャーナルの背景

はやとくんは、習った漢字をすぐに使いたくなる子です。このジャーナルでは「き」と書くべきところを漢字の「木」で、「た」と書くべきところを漢字の「田」で書いています。本人もわかっていてこのように書いているため、間違いを指摘することはありません。

**はやとくん
1年生**

No.
Date 12.5 月　　ちょん先生へ
　　　おうちでのこと

木のうおうちで うどんを田
べまし田。木ゅうしょくと おんな
じで、なん田か おもしろかったです。
木ゅうしょくと おんなじあじ田と
おもいまし田。おいしか、田です。

よかった!!

Point！

「きのううどんをたべました」と書くべきところ、「木のううどんを田べまし田」と書かれています。

Point！

先生からのフィードバックはいつもと同じ。特に指摘はせず、いつもどおりのコメントを返します。

間違いよりも子どもの気持ちに共感して

　振り返りジャーナルでは、文字や文章の間違いを訂正しない理由は前述のとおりです。子どもたちが自由に書いた文章に出てきた間違いは、学習のリアルな成果。振り返りジャーナルでは、子どもの気持ちに寄り添うことを第一の目的とし、間違いは教科学習に活かします。特に、低学年の頃は新しく習った漢字を使いたくて、読み方が同じだと、ついつい使いたくなるものです。この振り返りジャーナルでは、「た」がすべて「田」になっています。

　こうした傾向はしばらくすると収まるので、様子を見るのもひとつの方法ですが、もし、授業で取り組むなら、以下のように気づきを促します。

①国語の時間に「田」の文字を復習します。
②田んぼのどんな情景を表す漢字か。絵や写真で成り立ちを確認します。
③休み時間に振り返りジャーナルを一緒に見て、田の文字を探します。
④漢字の意味と合っているかを質問して、気づきを促します。

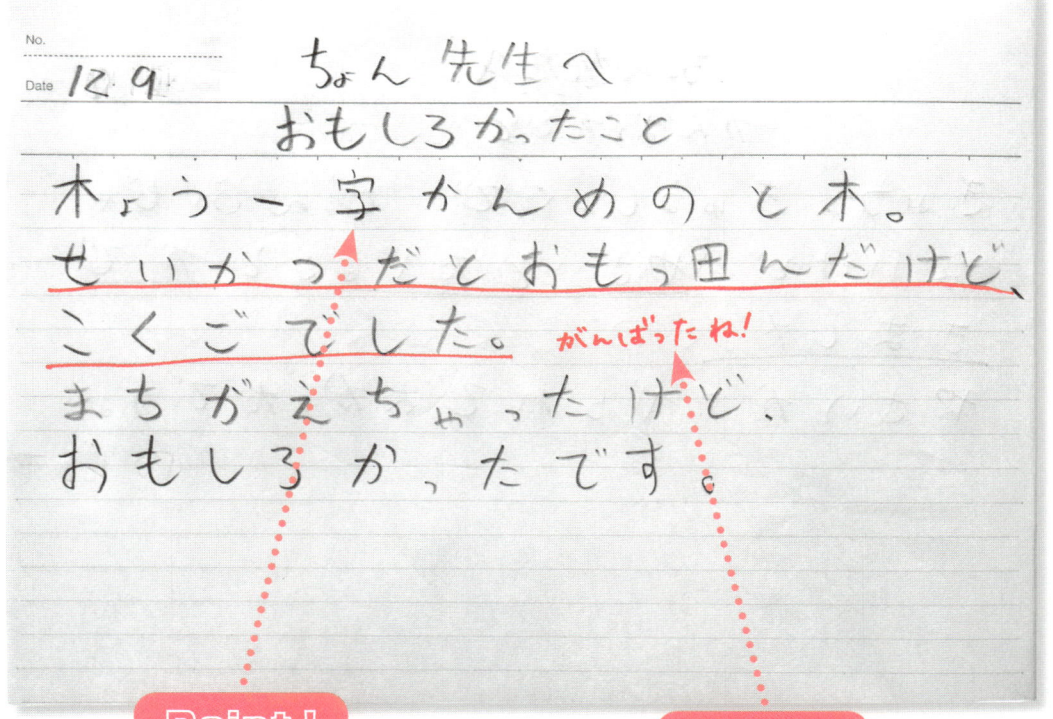

Point！

「木」「字」「田」といった習った漢字をどうしても使ってみたくなるようです。

Point！

肯定的なフィードバックで、子どもの頑張る気持ちを励まします。

子どもの悩みが表れているケース

振り返りジャーナルを通じて、子どもの悩みが届くときもあります。伝えてくれて、ありがとう。そんな気持ちになる瞬間です。こうした場合の先生の対応について、子どもの悩みがはっきり表れたジャーナルで考えてみましょう。

このジャーナルの背景

この日、クラスでケンカがありました。まきさんはそのときのことを思い出して、振り返りジャーナルに自分の気持ちを書いています。ノートの中央に書かれたモヤモヤが、まきさんのイライラする気持ちをはっきり表しています。

まきさん
6年生

No. 31
Date 6・14・木

もうなんなの　　　　は爆発
今、私の心の中はこんなカンジ…

とは、昔からのつきあいだし、こういう時には助けないと
なんで何回聞いても同じことしか言わないの??
意味わかんない

Point！

友達の反応に怒って、「意味わかんない」の言葉。振り返りジャーナルを書きながら、自分の感情をドンドン発散しているんですね。

Point！

「今、私の心の中はこんなカンジ」として、ぐしゃぐしゃに渦が書かれています。文字よりも伝わりやすいです。書いてみることが大事です。

振り返りジャーナルのコメントで返答しない。まずは受け止める

　子どもの不安定な気持ちが綴られた振り返りジャーナルを読むと、先生も心配で不安になります。ついたくさんフィードバックを書きたくなりますが、振り返りジャーナルで解決しない理由は前述のとおりです。笑顔のスタンプを押して受け止めます。

　まずは大きな深呼吸を3回して、子どもの気持ちを分析的に考えてみます。書かれた内容を何度も読み返し、文脈や訴えを整理して、何を伝えようとしているのかを考えてみます。そして、「いつでも話を聞くよ」とひと言添えておきましょう。

　今は先生に伝えるだけでOKのときもあります。そんなときは日々の中でゆっくり解決していくことを提案しましょう。クラスで一緒にさまざまな体験をする中で、子どもたちが乗り越えるチャンスをさり気なく用意します。

　事態が深刻なときは翌日、あるいは放課後に直接、子どもに声をかけて話を聞きます。詳しい状況がわかると、少し時間を置いてから話し合う、今すぐに話し合うなど、緊急性をアセスメントしながら進めます。

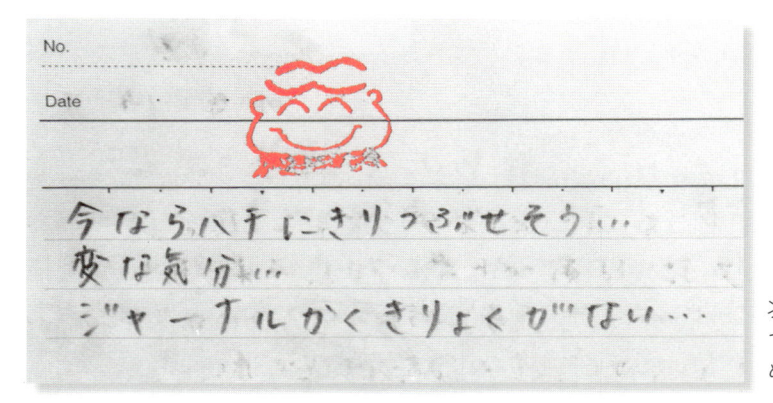

次のページにはこう書かれていました。まずは受け止めます。

リアルな日常の充実がトラブルを防ぐ

　高学年の子どもたちは、さまざまなことに悩み、乗り越えて成長します。特にSNSなど、インターネットを使ったトラブルで、深刻な問題が起こりやすくなります。こうした問題を未然に防ぐため、メディアリテラシーの学習はとても大切です。

　SNSなどで起こるトラブルに、先生が介入するのは困難です。しかし、振り返りジャーナルは先生との信頼ベースのチャンネルなので、対応が可能です。目の前のトラブルが表面化していることにも価値があります。慌てず、冷静に対応しましょう。

　また、リアルな日常が充実していると、子どもたちのSNSなどの使い方も充実します。日常の友達関係が未成熟だと、ネットでのトラブルも起こりやすくなります。振り返りジャーナルでリアルな日常の充実を実感し、トラブルを乗り越えていく自分の成長の足跡を記録します。

動的・静的な
学級崩壊が起こったときは！

　私たちの体に体力があるように、心にも体力のようなものがあります。「心の体力」は日常のコミュニケーションによって温まったり、冷たくなったりします。日常のコミュニケーションが良いと「心の体力」が温まり、私たちは何事にも意欲的に取り組めます。逆に悪いと「心の体力」が冷えて、パワーがあるときは暴力や暴言を繰り返し、パワーがないときには意欲を失い、長じると不登校や引きこもりになります。

　訪れる学校の中には「心の体力」が冷えた状態＝学級崩壊のクラスがあります。動的に荒れた学級崩壊もあれば、シーンとしてつながりや意欲が希薄に見える静かな学級崩壊もあります。そのメカニズムはとてもシンプルですが、渦中にいると本質的な問題が見えにくくなります。しかし、全国的に同じ構造の中で起こります。

　動的な学級崩壊のクラスは先生が注意し続けています。子どもたちは「心の体力」が冷えて、先生に対して承認欲求行動や愛情確認行動を繰り返します。話が聞けない、立ち歩き、授業拒否、私語、暴言、暴力などさまざまな不適応を示しますが、これらは「心の体力」が冷えてパワーがあるゆえの行動です。逆に「心の体力」が冷えてパワーがないときには、クラスがなんだかしらけています。何か提案しても子どもたちのモチベーションが低い、または子どもによってバラつきが目立ちます。ペアやグループの活動も成立しにくい。動的な学級崩壊も静的な学級崩壊も深刻化すると学級がコミュニティとしての機能不全の状態になり、登校しぶりや不登校の要因にもなります。先生と子ども、または子ども同士の何らかの不適切な対応が過剰な刺激になり、動的・静的に混乱する悪循環が生まれます。必要に応じてケース会議を開き、見立てを一致して、役割分担を決めて、まずは安心・安全な環境づくりから取り組みをスタートしましょう。

　その具体的な手立てのひとつとして、「振り返りジャーナル」がおすすめです。

　担任の先生に余裕がないときは、新しい取り組みを始めることは難しいので、学年やサポートの先生が「振り返りジャーナルの先生」になってクラスでスタートします。そして担任の先生と一緒に、子どもたちにポジティブなフィードバックを毎日、返します。

　クラスでミニお楽しみ会など楽しいイベントに取り組んで、少しずつ「心の体力」を温め、エンパワーの法則で小さな成功体験を繰り返します。少し時間はかかりますが、やがてクラスは安定します。

第4章

振り返りジャーナルを
深める

振り返りジャーナルを続けていくと、書きたいことが増え、それとともに次第に振り返りの内容が深まります。内容が深まると、それだけ成長の機会も多くなります。ここでは、どうすれば振り返りを深められるのかを解説します。

振り返りを「深める」とは?

成長に応じたチャレンジを設定する

　入学から卒業まで。子どもたちの心と体の成長はめざましく進みます。子ども時代のさまざまな成功や失敗の体験は、この先に続く人生のベースとなります。友達と一緒に力を合わせて目標を達成した体験は、大人になってからの他者との協働を支えてくれます。安心・安全の場でたくさんの試行錯誤と失敗を体験し、リカバリーの方法を学んで大人になる営みは、とても貴重な教育活動です。子どもたちが本来もつ力を発揮して、のびのびと成長する環境調整や、そのプロセスに寄り添うのが先生の仕事です。

　振り返りジャーナルのチャレンジの設定は、3つのポイントで進めます。1つめは、自分の成長についてのチャレンジ。個別性の高い振り返りを積み重ねます。2つめは、友達関係の広がりや深まりのチャレンジ。他者との関係性を温めます。3つめは、クラスとしてのチャレンジ。ひとつのコミュニティとしての成長をめざします。

　このポイントは社会に出てからも普遍です。「まずは失敗をゼロにする→小さな成功

体験を積み重ねる→大きな飛躍にチャレンジする」（エンパワーの法則）。その繰り返しを螺旋のように描きながら、子どもたちは成長を続けます。

次第に深まっていく振り返り

　子どもたちが「失敗しても大丈夫。またやり直せばいい」「次は、こんなふうに工夫してみよう」と安心して試行錯誤ができる環境が整うと、うまくいかなかったことについての振り返りが充実し始めます。

　当然ですが、私たちは成功より失敗からのほうが何倍もの学びを得ます。振り返りに深まりも生まれます。

　しかし、子どもたちの自尊感情が低く、失敗を振り返るのに適した環境が整わない状況で失敗を振り返ると、「自分が悪かった」「あの子が悪い」と関係性や感情面ばかりが強調されて、うまく進みません。

　子どもたちの自尊感情や他者理解が進まないうちは、失敗からではなく、成功体験の振り返りを基本にして進めましょう。

11/20(火)　イワセンへ
30日チャレンジ！
「自分達中心」で、授業とクラスをつくっていくぞ"プロジェクト開始！

① どんなゴールをむかえたい？
私は、クラス目標を大切にしていたから、目標が達成できる、目標に的している、っていうのがゴールだと思う。そんな願いをこめて、あのクラス目標をつくってきたから…。どのクラスよりも世界のどのクラスよりもすごいクラスにしたい。今のサークルのままだと、コミュニケーションがとりずらくなっちゃうし、それに、コミュニケーションがとりずらいと、しゃべりずらい、につながるから、ほーかいしちゃいそうだよね。　うんうん
② そのために具体的に何をする？
誰とでも、気軽に話して、毎日朝、みんなに笑顔であいさつしたり、29にん全員と話すことを大事にしたい。　具体的！！

振り返りを深めるための
テーマ設定

フレームではなく、コンテンツを重視する

　たくさん書いた、あまり書けなかった。振り返りジャーナルを書き始めた頃は、子どもたちも先生も書いた分量に注目しがちです。しかし、１行であっても深い振り返りはありますし、１ページが埋まる文章を書いていても、内容に乏しい振り返りもあります。

　確かに思わず「うまい！」と膝を打ちたくなる上手なキャッチコピーのような振り返りもありますが、それではプロセスがわかりづらい。振り返りジャーナルでは、まずは分量（１ページのフレーム）を書くことをめざし、そこからコンテンツ（振り返りの内容）の充実をめざします。

　毎日の学校生活が充実し、うまくいったときも、そうでないときも振り返ることで学びを積み重ねる。この試行錯誤のプロセスを上手に書き記せれば、自然と振り返りジャーナルの分量は増えます。振り返りジャーナルは、試行錯誤のプロセスを大切にしています。

テーマを設定することで振り返りに慣れる

　テーマの設定は、振り返りのガイドです。ガイドに沿って、振り返りの道筋がわかりやすくなります。

例えば、算数で協働的な学習をした日は、

①今日の算数、自分の取り組みに点数をつけるなら、何点ですか？
②その点数の理由は何ですか？
③今日の算数で頑張ったな、よかったなと思ったエピソード。
④反対に残念だったエピソード。
⑤明日の算数のチャレンジ。
⑥その他、ご自由に！

というように、いくつかの問いをパッケージにしたテーマを設定します。子どもたちはテーマに沿って振り返りを進めます。テーマで振り返りのガイドをするのです。

振り返りに慣れて回路が自分の中にできると、子どもたちはガイドがなくても、自らの力で振り返りを進めるようになります。例えば、「今日の算数の時間について」というような全体的なテーマ設定であったとしても、自分で問いや視点をもって、振り返りを進めるようになります。

心が動く授業や学級活動をしよう

心が動く授業や学級活動は子どもたちの振り返りを促進します。授業や学級活動に活気がないと、振り返りジャーナルも同じく活気のないものになります。

ポイントは授業や学級活動にドキドキワクワクするチャレンジがあること。そのためには、授業で子どもたちが活躍する場面をたくさんつくります。

例えば、授業準備を子どもたちと協力して行う。教科書の説明を子どもたちが寸劇で演じる。単元の終わりに子どもたちが問題をつくってミニホワイトボードに書き、みんなで問題を出して学び合う、対話と学び合いが中心の授業にチャレンジするなど、子どもたちが主体的に学ぶ学習だと、子どもたちの学びや関係が深まります。授業や学級活動にたくさんのエピソードが生まれます。テーマの設定とともに、こうした工夫を行いましょう。

振り返りジャーナルは授業の進め方や学級を見直す指標のひとつです。子どもたちの振り返りに学びながら、改善を続けましょう。

テーマを複数設定するときは？

テーマを複数に分けて設定する際は、授業の最初に子どもたちにあらかじめ伝えておきます。黒板などに書いておきましょう。例えば算数は、学習のめあてをそのまま振り返りのテーマにすると効果的です。

テーマを活用する

振り返りを深めるのに
効果的なテーマ

子どもたちと一緒にテーマを考えよう

　子どもたちにどんなことを振り返りたいかを出してもらって、振り返りジャーナルのテーマづくりにチャレンジしてみましょう。

　方法は以下の通りに進めます。

テーマづくりの進め方

①テーマにしたい内容を付箋紙に一人３枚書く。

②４人グループでA3の紙に貼りながら発表し合う。

③同じ内容や似た内容の付箋紙を集めて貼る。

④グループごとに黒板に貼りにいく。

⑤先生が出た意見をいくつか紹介する。

⑥この中から、振り返りジャーナルのテーマとして相応しいものを
　クラスで選ぶ。

　➡子どもたちの合意があれば、先生が選んでもよい。

　➡子どもたちで「振り返りジャーナルテーマ選定委員」をつくり、
　　２～３人で選ぶ。

　※選ぶのは、その場でなくてもよい。後日、発表も可能です。

テーマのバリエーションが学校生活のバリエーション

　振り返りジャーナルが続かない理由のひとつに、毎日のテーマ設定のマンネリ化があります。例えば、「1日を振り返って」が毎日続く振り返りジャーナルです。子どもたちが振り返りの視点を身につけていれば、全体的なテーマ設定でもマンネリにはならず、日々の変化と成長を書きます。

　しかし、振り返りの視点が育つまでは、毎日同じテーマだと飽きてしまいます。「楽しかった」「楽しくなかった」などの浅い情報で精いっぱいになり、振り返りジャーナルの形骸化が始まります。

　バリエーションのあるテーマだと振り返りの視点も多様になります。行事やイベント、学級活動など、振り返りの場面はたくさんありますが、やはり毎日の授業にこそ、ドキドキワクワクのチャレンジがあることを大切にします。

　以下に、時期別に分けた効果的なテーマのバリエーションを紹介します。最初の2か月は、「初めての○○」や、自分の得意なことや好きなこと、苦手なことといったテーマです。

振り返りのバリエーション　効果的なテーマ

4月〜6月頃

- 4月の終わりに改めて思う今年1年の抱負。楽しみなこと、やりたいこと。
- 私の好きなこと3つ。苦手なこと3つ。
- 今日の身体測定、ドキドキワクワクのチャレンジどうだった？
- 今のクラスを漢字一文字で表すと？　その理由は？
- 初めての単元。わかったこと。わからなかったこと。
- 今日、さり気なく頑張っていた人を紹介します。
- 私の得意なことを紹介します。
- 国語の授業、物語を読んでみてどうだった？　もし、自分が主人公だったら？
- 明日の算数の小テストにかける意気込みと目標。
- 初めての遠足。楽しかったことを教えてください。これからのクラスにどう生かしたい？
- おすすめの給食メニューを3つ書きましょう。その理由と給食調理員さんへの感謝も。
- 球技大会で頑張ったこと。悔しかった。そのほか、何でも。

夏から秋にかけて、クラスが安定してきた時期は、自分たちで目標や課題を設定します。また、運動会などのイベントに向けた練習などを振り返ります。そうして年度末には、1年間を通した振り返りを行います。

振り返りのバリエーション　効果的なテーマ

7月〜11月頃

- 1学期を振り返って、自分の成長。クラスの成長。その理由。
- 夏休みの心に残った思い出を教えます。
- 2学期の課題を設定しよう。学習課題、友達関係の目標、クラスのチームづくりの課題。
- ペア読書の本を紹介します。まるで新聞記者の気分で。
- 運動会まであと○日。目標に向かって、今は何点？　その理由は？これからどうしたい？
- 運動会の観客のみなさんに伝えたいこと。
- これから始まる2学期。どんな日々にしたい？　そのために具体的にすること3つ。
- 最近の私はこれに夢中です。これが苦手です。
- 今日の算数は○○！（○○に自分が思った言葉を入れよう）その理由。
- 自分の通知表を書いてみよう。担任の先生の気分で。
- 自分を登場人物にして、今日1日の物語を書いてみよう。
- 今の自分やクラスが成長するために必要なこと。
- 音楽の授業を振り返って書こう。音楽の先生宛に。
- 転入生が来ます。クラスの様子を紹介してください。

11月〜3月

- クラスがこれから、あと一歩成長するために必要なこと。
- 算数の学び合いはどうだった？　今日の自分のチャレンジを振り返って。
- 理科の実験で学んだこと、私たちの暮らしとのつながりについて。
- 残りあと○日。どんなクラスをつくっていきたい？
- 今だから言いたい。先生にひと言！
- 1年間を振り返って、自分や友達、クラスの成長。
- いよいよ○年生、意気込みをどうぞ！

子どもたちの状況に応じたテーマ設定を

　振り返りを深めていくためには、子どもたちにとっての「チャレンジ」が、そのときどきで常に設定されていることが大切です。チャレンジする具体的な目標があると、それを達成するために今の自分に何が足りないのかが考えられます。また、そこに向かってどんな努力が必要かといった振り返りが可能になります。

　チャレンジの設定は、先生が決めて子どもが従うのではなく、子どもたち自身が考え、決めていくようにしましょう。

　年度の初めには、「どんなクラスにしたい？」「1年間の抱負」といったテーマを活用して、子どもたちとチャレンジを考えます。

　夏頃になったら、「自分の成長。クラスの成長」といったテーマで1学期の振り返りを行いつつ、夏以降の課題を設定します。「運動会まであと○日！」といったイベントに向けてのテーマも、具体的な目標に対して今どんなことが必要かを考える習慣になります。

　年度の終わりには、1年間の振り返りを行うとともに、次の学年に向けての意気込みをテーマにして、次の学年に振り返りによる成長のサイクルをつなげていきます。子どもたちの素直な感性を大切にしながら常に状況に応じて、テーマ設定を工夫し、振り返りを深めていきましょう。

「私はこんな人です」

新年度の初めに取り組みやすいテーマのひとつが、「私はこんな人です」。振り返りジャーナルに書かれた自己紹介にフィードバックをして、距離感を近づけます。

このジャーナルの背景

このジャーナルは、4月の半ば、クラスがスタートして間もない時期に書かれたものです。テーマを「私はこんな人です」に設定。前年度から持ち上がりの子も、初めて担任を受け持つ子も、同じように自己紹介を書いてもらい、子ども理解を深めます。

まきさん
6年生

No. 5　　DATE 4.16 月

イワセンへ

テーマ 私はこんな人で〜す〜！

まぁ、去年の私を見ているのでわかると思いますが、いちおうおしえます！ 8月15日生まれのしし座で性べつは、男の子です…というのはウソで女の子です。私のとくぎはノートまとめとエレクトーンです。ノートまとめは去年がんばったのでとくいです。エレクトーンは4才のころに始めて今でもやっています。とくいです！好きなキャラクターはくまのプーです！私の性かくはマイペースです。で、まけずぎらい！！きらいなことは おこられること・なくこと です。あと、なぐられるのもイヤです…。えーっ、今年もよろしくおねがいします…！あ…やべっ！好きなことをかくのをわすれてました…。好きなこと はエレクトーンをひくことか、あそぶことです！！あらためましてよろしくおねがいします！この1年は最高の1年にしたいと思います。そして、自信をもって中学校に行きたいと思います。泣く…いや 泣いてねー！そっちの方がおもろいーし。じゃあ、またあしたね！あしたは、テストやだけどがんばるどー！朝マラソンはイワセンにかった！今日は8周、全部Bで46周！42才なんかぞるもんだは〜。バイバーイ〜。ぬかしてみろー！明日はめざせ15周！！！

Point！

前年度から持ち上がりの子でも、改めて自己紹介を書いてもらうと、いろいろな工夫をして楽しませてくれます。

Point！

「私はこんな人です」の詳しい中身として「好きなこと」「嫌いなこと」「どんな1年にしたいか」なども提示しておくと、書きやすいテーマになります。

年度初めに書きやすいテーマ

「私はこんな人です」というテーマは、新年度の初めに書きやすいテーマです。ぜひ活用しましょう。

新年度になってすぐの時期は、子どもたちの中で「自分のことを先生や友達に知ってもらいたい」という期待感が高まっています。こうした気持ちを振り返りジャーナルのテーマにし、書くこと・伝えることを楽しみながら新しい1年をスタートしましょう。

たくさん書くことを早い段階に体験すると、見通しが立って1ページを書くハードルが下がります。その意味でも「私はこんな人です」のようにたくさん書けるテーマは、早い段階で実施したいテーマです。振り返りジャーナルに慣れるためにも、ちょうどよいテーマです。

様子を見ながら、子どもたちの気持ちをうまく汲み取るテーマを考えてみてください。

子どもとの話題にしよう

振り返りジャーナルに書かれた内容は、先生にとって子どものことを知るための貴重な情報です。

例えば、このジャーナルにはエレクトーンが好き、ノートまとめを頑張った、くまのプーが大好きで、性格はマイペース、怒られること、泣くこと、殴られることもイヤと書かれています。

読んでいると「ナルホドなぁ」と思います。明るくて、元気な文章の中にも自己分析があり、先生には「怒らないでね」「怒られるとイヤだよ」と伝えてくれています。また、エレクトーンは4歳から習っているベテランです。「スゴイ！」ですよね。ずっと続けてきた好きな特技があるのです。とても素敵です。

こうした情報が得られると、早速この子にお願いすることが出てきます。例えば、クラスでノートまとめの向上に取り組みたいときには、モデルになるノートを依頼します。「社会のノートの上手なまとめ方を紹介したいので、週末、自主学習でお願いできますか」という具合です。

出来上がったノートは、本人のOKをもらって、コピーをしてクラス全員に配付したり、教室の後ろに貼り出してグッドモデルとして紹介します。どんなところに注意をしてノートをまとめているのか、その詳しい手法や分析についてやりとりをして、クラスのみんなと共有します。

こんなふうにして、集めた情報を活用します。クラス全員の得意なことがわかっていると、依頼しやすいですね。振り返りジャーナルって、本当に便利でありがたいツールです。

振り返りを深めるテーマ設定②

「青空教室」

子どもの頃、ワクワクした授業は、どんな授業でしたか？ 「子どもたちの心
が動く授業」とは、具体的にはどんな授業でしょう？ さまざまな方法があ
りますが、岩瀬のクラスでは「青空教室」が大人気でした。そのときの振り
返りジャーナルを見てみましょう。

このジャーナルの背景

この日は天気がよく、空を見上げると雲ひとつない、きれいな青
空が広がっていました。こんな日は、外に出て太陽を浴びたら気
持ちいいはず。そこで、授業時間にみんなで屋上に出て、青空の
もとで授業を行いました。そのときの感想が下のジャーナルです。

あまねさん
6年生

No.
Date 6・23

イワセンへ
天気がいいので外で勉強しちゃいました！

屋上の「青空教室」、とってもよかった！
またやりたいです！
ね！

意外に外でやるのも集中できるんですね。
＜青空サークル＞も楽しかったです。
このまま屋上を6-3の教室にしたいね。

雲ひとつない 青空教室。
また雲が ひとつもない日、風が気持ちのいい日にやろうね！
ぜひ！

Point！

外で授業を行うことで、新鮮な感覚
を味わうことができたようです。い
つもの教室から一歩外に出ると、子
どもたちの心は大きく動きます。

Point！

この日は青空のもとで輪になって話
し合う「青空サークル」も行いました。
子どもたち同士で話し合う活動も、
子どもの心が大きく動くタイミング
です。

毎日の生活に新鮮な体験を

　同じ授業でも、環境が変わると特別に感じ、子どもたちの心が動きます。授業は教室で受けるのが基本。でも、たまには青空のもとで教室を開いてもいい。季節を感じ、自然の風に吹かれながら、開放的な気分で学ぶと新鮮な気持ちになれます。そして、教室のありがたみもわかります。

　青空教室は、とても人気の高い取り組みです。お金がかかるわけでも、大がかりな準備が必要な授業でもありません。教科書とノート、それからホワイトボードやタブレットを持って屋上に出れば、それで子どもたちの心が動きます。

　ほかにも、環境を変える工夫はいくつもあります。

　例えば、校舎に宿泊する、１年生の教室に出かけて授業をする、校長先生に密着取材する……などなど。こうした体験は、私たちの日常を改めて見直し、気づきや発見、価値を実感する取り組みになります。

　学校には、子どもたちの心が動くしかけづくりの種になるものがいっぱいあります。視野を広げてみると、教育のリノベーションの種は学校のあちこちに、どこにでもあるのです。

授業時間中にジャーナルを書く

　教科の振り返りは、教科ノートに書くのが基本です。しかし、例えば、体育のようにノートがない教科や、総合的な学習の時間などは、振り返りジャーナルに書きます。

　もちろん、教科の学習も「ここぞ！」というときは、振り返りジャーナルに書きましょう。日々の中に「振り返りがいのある」時間がどれくらいあるか、先生も実は問われているなぁと思います。

「1週間が経ちました」

クラスがスタートしたら、「1週間が経ちました」というテーマに取り組んでみましょう。その日のことだけを振り返るのではなく、ある程度の期間について振り返るのも大切な取り組みです。

このジャーナルの背景

このジャーナルは、同じクラスの2名が同じ日に書いたジャーナルです。クラスがスタートして、ちょうど1週間の日。子どもたちは、それぞれクラスへの思いを書き留めました。二人とも、これからのクラスの成長について、前向きな姿勢を示しています。

まきさん
6年生

ゆかさん
6年生

No. 4
DATE 4.13.金　　イワセン ヘ

テーマ 6の1が始まって1週間がたちました！

もう1週間がたったのか〜。はやいなへ。でも！まだこれからたくさんこの6の1にいれるんです！うれしい〜。今日。なんと。この、じゅ業さんかんで失ぱいをしてしまったんです。がッカリー！日付けの所を"4月14日"にしてしまった…。ががガーン▲来週はクラス目標をつくりたいなぁ〜！！！どんなのにしようかなぁ〜！ます…1つ目。みんなでゴールを目指したいな！

2つ目。たのしくすごしたいな！

3つ目。結果も出せる！

がんばる！

Point！

1週間を「はやいなー」と感じています。こうして振り返りをすることで、日々の大切さを感じながら過ごせます。

Point！

クラスに対する気持ちも書かれています。こうした子どもたちの前向きな気持ちがクラスをつくっていきます。

1週間を振り返って

　その日のことだけではなく、ある程度のスパンを決めて振り返ります。先生も子どもたちも、バタバタと慌ただしい時期ですが、振り返る前にジャーナルを読み返すと、改めて、この1週間の様子を思い出せます。

　例えば、この1週間の様子を写真に撮影して音楽にのせてスライドショーをクラス全員で見ると、より鮮明に楽しく思い出せます。スライドショーから、子どもたちは担任の先生がクラスや自分を温かく見守ってきたことも実感できます。スライドショーは保護者参観などでも活用しましょう。

　1週間の振り返りは、例えば、以下の流れで進めるといいでしょう。

①1週間よく頑張りました！　とチャレンジを共に喜ぶインストラクション。
②振り返りジャーナルのテーマ発表「1週間を振り返って」。
③クラスの1週間のスライドショーを全員で視聴する。
④自分の振り返りジャーナルを読み返して、1週間を振り返る。
⑤振り返りジャーナルに、この1週間の振り返りを書く。

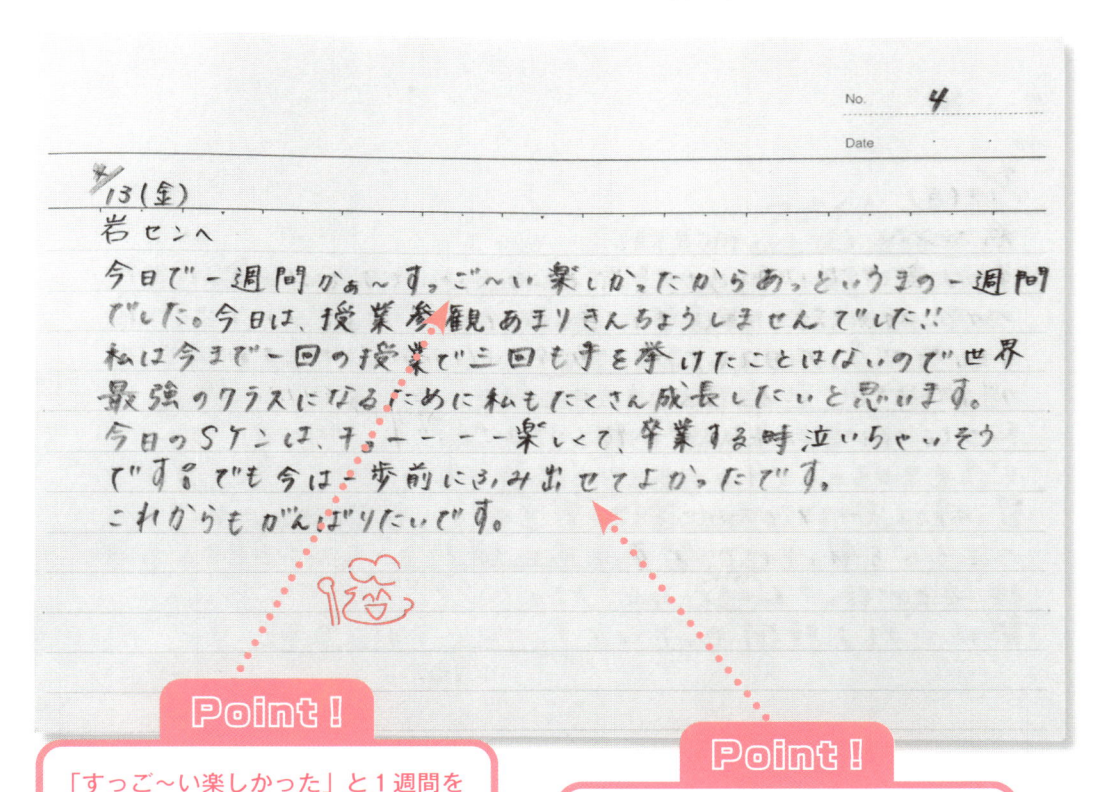

Point！

「すっご〜い楽しかった」と1週間を改めて振り返ることで、次へのモチベーションが温まります。自分の強みもよくわかっていてステキです。

Point！

これからの自分の成長を予感しつつ、「一歩前に踏み出せた」と、希望に満ちた言葉がつづられています。

振り返りを深めるテーマ設定④

「失敗してしまったこと」

子どもたちの自己肯定感が高まり、クラスへの信頼や振り返りジャーナルを
書くことに慣れてきたら、じっくりと失敗や課題に向き合うチャンスです。
失敗は成功よりも大きく子どもたちを成長させてくれます。丁寧に振り返り
ましょう。

このジャーナルの背景

この日は、クラスでPA（プロジェクト・アドベンチャー）を行
いました。最初は、順調に話し合いが進み、どんどん工作を進め
ていったのですが、最終的には作品が割れて失敗。振り返り
ジャーナルで、そのことを振り返っています。

たかしくん
6年生

Date

先生へ
　今日のPAで学んだことは話し合いが大事だということです。
7班は給食のときとかいつも静かな班で話すのもあんまり
してなかったけど、今日のPAではみんな積極的にこうしよう
こうの方がいいんじゃない？と言っていて、前よりもずいぶん
自分の思いが言えるようになりました。結果は「割れて」しま
いました。なにがいけなかったのだろう？すごいよか
ったのに！最後の意見で「いいね♪」とすぐに作りだしたから、
もっといいのがないか、みんなで話し合って、案を出せばよかっ
たと思いました。その中から割れなさそうなのを考えればよ
かった。まず、自分が今思っている気持ちを相手に伝えること
がすごくすごく大事なんだなって思いました。　なるほど！

Point !

「前よりもずいぶん自分の思いが言え
るようになりました」。自分たちの成
長を実感している言葉です。

Point !

しかし、結果は「割れて」しまいまし
た。たかしくんの思考や分析が深
まります。

子どもの成長の機会を捉えてテーマを決めよう

　私たちはよくできていること（強み）よりも、できていないこと（課題）に注目しがちです。失敗は確かに残念です。でもそこにとどまるのではなく、次へ進むためには、自分たちにはどんな強みがあるのか。なぜ、今回は成功に到達できなかったのかを分析し、次の策を練ります。このとき、自己肯定感やクラスへの信頼が低いと、自分やクラスのせいにして、振り返りは不調に終わります。「自分がいなければよかった」「このクラスではどうせムリ」という具合です。

　でも、そうでなければ、積極的に失敗を体験しましょう。ある程度、クラスの状態がよくなると、子どもも先生も満足してしまって、安心ゾーンから抜けられなくなります。毎日はほんわか温かいけど、どこか予定調和。進級、進学でクラスのメンバーが変わったら、一挙に安心ゾーンがなくなってうろたえます。初めての場所でも自分で進んでいける力が必要です。そんな力を育むときには、次の難しい壁にチャレンジする中で失敗から学ぶ体験の機会をつくることもおすすめです。

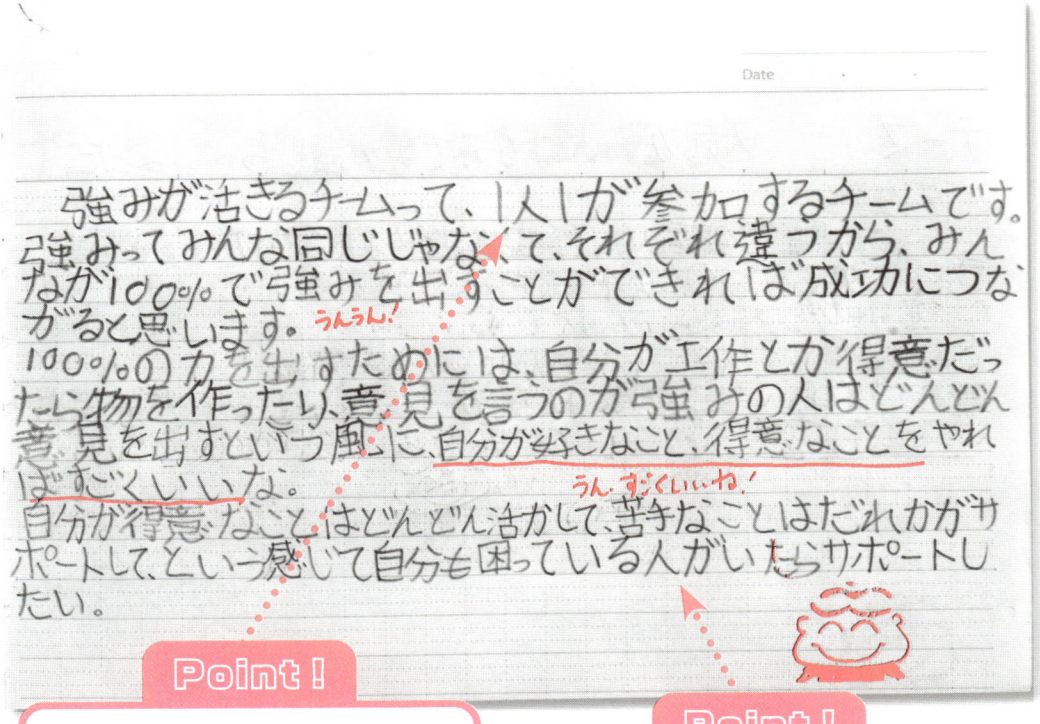

Point！
どんなチームが強いチームなのか、自分なりの考えが示されて、次のチャレンジの糧になります。

Point！
PA のときだけでなく、振り返ることで日常へと活かしています。

振り返りを深めるテーマ設定⑤

「クラスを漢字一文字で表すと？」

自分の気持ちやクラスの様子を表す方法はたくさんあります。例えば、漢字一文字で表すのもそのひとつ。いつもとはちょっと違う場所に立って、自分やクラスを眺めてみる。メタ認知能力を働かせて考えてみましょう。個性豊かな漢字も登場するかも！

このジャーナルの背景

年末になると、「今年の漢字」が選ばれます。そこで、クラスの中でも「クラスを漢字一文字で表すと？」というテーマで振り返りジャーナルを書いてみました。先生にとっては、子どもたちがクラスをどのように捉えているのかを知る機会にもなります。

りょうたくん
5年生

Date ・

テーマ　　　クラスを一文字で表すと？

歩

5-1っていつも失敗と楽しいことをやると、一歩一歩歩むって感じで、階段でいえば100段あるとしたら普通に歩いている感じじゃなくて、自分が成長したら1段ずつ上がる！2段飛ばしじゃなくて、1段ずつ、そういう感じがある。歩む 歩む・・・うん！

うんうん!!

Point！

クラスのこれまでについて、自分なりに分析してわかりやすくたとえで示してくれました。

Point！

平坦な道を歩いているのではない、階段のような道を一歩ずつゆっくりと確実に歩いている実感が伝わります。

クラスについて振り返ってみる

　まるでテレビから流れてくるニュースのように、今の自分やクラスの様子を漢字で表してみます。この取り組みの前提として必要なことは二つです。一つは、子どもたちが漢字をたくさん知っていて、たくさんの選択肢からピッタリの漢字を選ぶこと。みんなで辞書を持って、時間を設けて漢字を調べるきっかけにしましょう。もう一つは、クラスの中に流れる温かいエピソードがあることです。クラスのほとんどが「苦」や「暗」などのネガティブな漢字を思い浮かべるような状況のときはクラス全体ではなく、自分を漢字一文字で表しましょう。

　日頃からクラスのエピソードにふれるには、学級通信の読み聞かせやクラスの写真を音楽にのせてみんなで見るスライドショーなどを節目ごとに繰り返します。クラスの10大ニュースが出そろって、十分な情報があってこそ、漢字も選べます。振り返りも充実します。

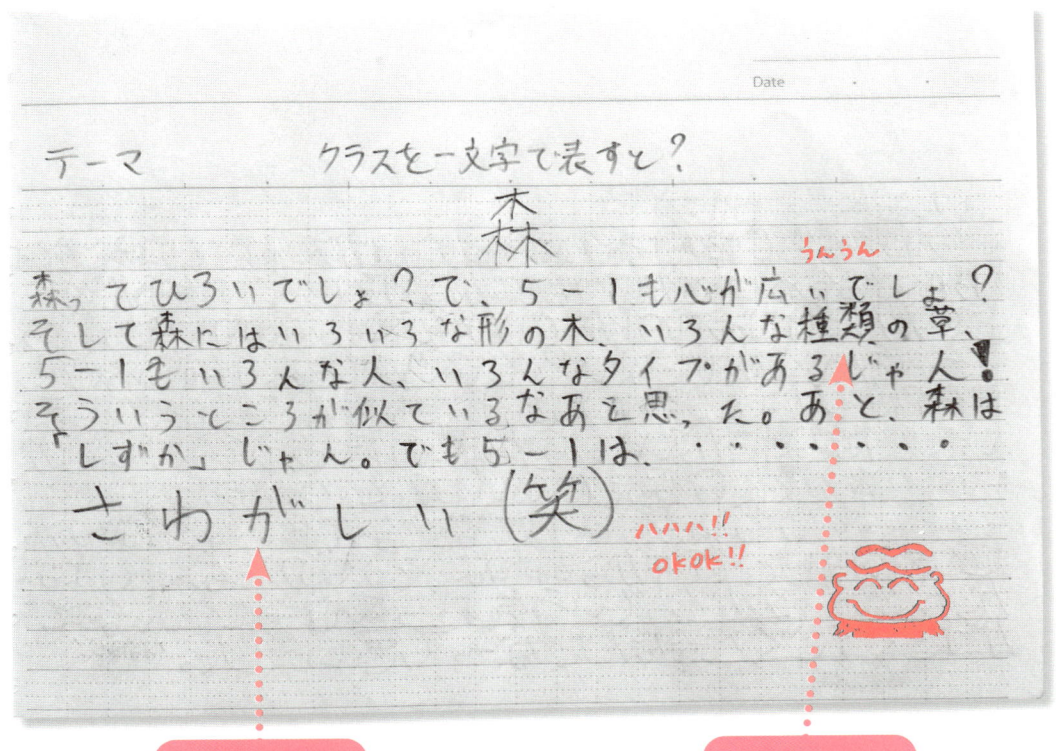

Point！

クラスの強みを漢字一字に表現しながら、クラスの課題も客観的に見て笑い飛ばしています。次のチャレンジも明確ですね！

Point！

クラスの子どもたちの多様性を受け入れ、自分も受容されていることが感じられる1年であったことが伝わってきます。

振り返りを深めるテーマ設定⑥

「自分に通知表のコメントを書いてみよう！」

振り返りジャーナルに慣れてきたら、その日のことだけでなく、ある程度長いスパンでの自分について振り返ってみることもおすすめです。学期末などで一度、これまでの自分を振り返ってみるなど、振り返り方も工夫します。

このジャーナルの背景

はづきさん
4年生

このジャーナルでは、「自分に通知表のコメントを書いてみよう！」というテーマで、自分に通知表を書いています。時期は2学期の終わり。はづきさんは家庭学習に力を入れ、それがテストの点数にも表れ、自信をつけてきているようです。

Point！

「ものすごくがんばっていてすばらしい」という所見から、はづきさんは読書を通じて、自己肯定感が高まっているようです。

Date

葉月さんへ

葉月さんは2学期 算数をがんばりましたね。家庭学習で、毎日分数の計算の練習をしてきていいです。自分でしっかりわからないところを友達にきいていいですね。でも最近わからないままなので気をつけてください。読書はものすごくがんばっていてすばらしい。毎日10分でも多く読書を進めてください。葉月さんは、自分で勉強をする力がつきましたね。字もていねいになってきたし自主学習の内容もすごくいいです。最近の自主学習葉月さんはとてもいいノートをつくっています。計ドも順調に進んでいるし50問テストも終わっているのでこれからもがんばってください。でも前回の算数のテストは100点というすごい 努力の成果がでてますね。今回の図形

Point！

算数についての頑張りを認めながらも、最近はわからないままにしていると改めて自分で言語化しておくことって大事ですね。

自分を見つめ直す機会に

通知表は子どもにとって、日頃の学習成果が可視化される大イベントです。評価者はもちろん担任の先生。テストや提出物、日頃の学習態度などをもとに成績はつけられます。他者から公正な評価を受けるのはとても大切ですが、学びのオーナーシップを発揮して、自分で自分を評価できると、次のチャレンジも明らかになります。

子どもたちが自分で書く「所見」は、先生にとっても発見がいっぱいです。子どもの自己認知と先生の評価にズレがあったら、そこから学びます。

そして、立場を代えて子どもたちから先生の評価を書いてもらうことも有効です。4月から共に歩んできた担任の先生は子どもたちにとって、どう映っているのか。子どもたちに評価の基準を示して振り返りジャーナルに書いてもらうのは、先生にとって何よりの学びと励みになります。ドキドキするけれど、学期の終わりには、子どもたちに「先生の通知表」をテーマにして評価を書いてもらいましょう。きっと先生をエンパワーしてくれます。

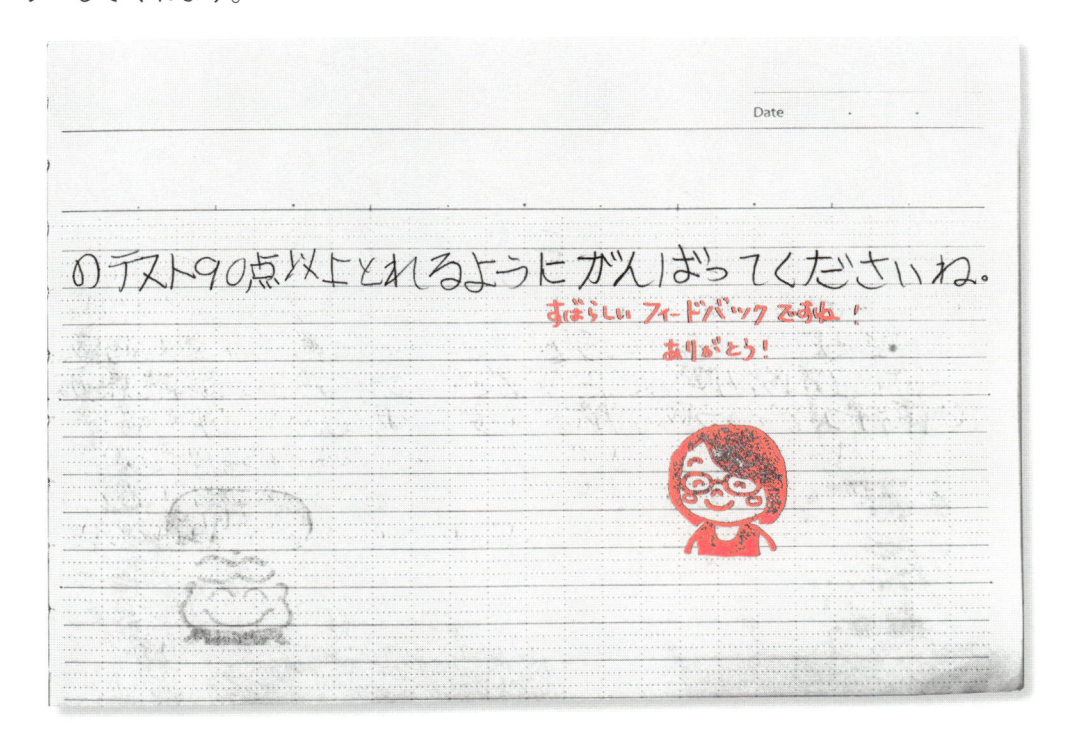

通知表の所見

「自分に通知表のコメントを書いてみよう」というと、子どもたちは、これまでもらった通知表の所見を参考にして、自分の所見を書きます。それは、子どもたちがこれまでの通知表をどう受け取って来たかということも示しています。先生にとっても、自分の通知表の書き方を見直すよい機会になります。

オープン・クエスチョンに取り組もう

オープン・クエスチョンとは？

　子どもたちの思考を深める方法に「ホワイトボード・ミーティング®質問の技カード」に集約されている 9 つの「オープン・クエスチョン」と 8 つの「相づちの言葉」があります。

　オープン・クエスチョンとは定まった答えのない開かれた質問です。友達との対話にオープン・クエスチョンが自然に使えるようになると、対話が深まります。振り返りジャーナルを書くときには、自問自答をしながら、自分と対話し、思考を深めて書く質問の技術として機能します。

●ホワイトボード・ミーティング®質問の技カード

9つのオープン・クエスチョン

1　〜というと？
2　どんな感じ？
3　例えば？
4　もう少し詳しく教えてください
5　具体的にどんな感じ？
6　どんなイメージ？
7　エピソードを教えてください
8　何でもいいですよ
9　ほかには？

8つの相づちの言葉

1　うんうん
2　なるほど、なるほど
3　わかる、わかる
4　そうなんだあ
5　へえ
6　だよねえ
7　それで、それで
8　そっかあ

クローズド・クエスチョン

1　数量（日時、回数、価格など、数字で表すこと）
2　固有名詞（人名、商品名、事業所名、場所など）

『ちょんせいこのホワイトボード・ミーティング』（小学館、2015年）より

オープン・クエスチョンの進め方

ペアの相手を変えながら、質問の技カードで対話をしてみましょう。

> 「友達と一緒に鬼ごっこをしました」
> 「というと？」
> 「とても楽しかったです。休み時間があっという間でした」
> 「もう少し詳しく教えてください」
> 「○○くんと一緒に、ジャングルジムに行って追いかけたり、逃げたりしたのが楽しかったです」
> 「エピソードを教えてください」
> 「この前、一緒に鬼ごっこをしたときは、僕が鬼になってばかりでした。今日は○○くんも鬼になって僕が逃げるときもあったから、前よりも楽しかったです」

質問に対する答えをつなげてみると、以下のように状況を説明する文章になります。

> 　友達と一緒に鬼ごっこをしました。とても楽しくて、休み時間があっという間でした。もう少し詳しく説明をすると、○○くんと一緒にジャングルジムに行って、追いかけたり、逃げたりしたのが楽しかったです。この前、一緒に鬼ごっこをしたときは、僕が鬼になってばかりでした。今日は○○くんも鬼になって僕が逃げるときもあったから、前よりも楽しかったです。

ホワイトボード・ミーティング®のファシリテーターの練習では、低学年のときから質問の技カードを見ながら、互いに思考を深めて聞く、話す活動を繰り返し練習します。黒と赤と青のマーカーでミニホワイトボードや大きなホワイトボードに友達の意見を聞きながら書く体験を積み重ねていくと、互いを承認し合う関係や合意形成、課題解決力が備わってきます。振り返りジャーナルの取り組みと、ぜひ並行して取り組んでみてください。

対話をしてから振り返りジャーナルを書く

　教室に対話が溢れるようになると、子どもたちの試行錯誤が深まります。日常的にペアの相手を代えながら対話の機会を増やしたり、ワールド・カフェ[8]やホワイトボード・ミーティング®に取り組むと、子どもたちは、まるで友達と対話するかのように自分と対話しながら、思考錯誤を繰り返します。

　例えば、「図工がおもしろかった」「体育を頑張った」という第一声も友達との対話で深めると、さまざまなエピソードが溢れます。友達と二人で対話をしてから、振り返りジャーナルを書くことは、とても有効なウォーミングアップになります。

※8 〔ワールド・カフェ〕

多人数が気軽に話し合うための方法。メンバーの組み合わせを変えながら、4〜5人程度のグループで話し合いを繰り返します。アニータ・ブラウン他『ワールド・カフェ』（ヒューマンバリュー、2007年）を参照。

振り返りジャーナルを
学級通信に載せる

学級通信に載せることの効果

　振り返りジャーナルの内容を、学級通信に掲載しましょう。クラスの紙上対話を促進します。保護者に読んでもらうだけでなく、ぜひ子どもたちに学級通信の読み聞かせをしてください。

　子どもたちにとって、自分の書いた文章が学級通信に載るのは嬉しいものです。次にジャーナルを書くときに気合も入ります。また、友達のジャーナルを読んで刺激を受けて、自分自身の振り返りが深まるきっかけにもなります。

　また、子どもたちがジャーナルに書く言葉には、リアリティがあります。素直な言葉で日々の様子が紹介されるので、学級通信からクラスの様子が浮かび上がります。保護者にも子どもの実感を通じて、これまで以上にクラスの様子を伝えられます。

　振り返りジャーナルの紹介を通じてクラスの活動にも理解を得やすくなります。教室で楽しんでいる様子を、子どもたちの言葉でお知らせしましょう。

　可能であれば、愛称など名前を掲載するのがおすすめです！　クラスみんなが登場するようにします。

改めてジャーナルを読み込む機会に

　学級通信に振り返りジャーナルを載せるときには、子どもが書いた内容をパソコンで入力したり、手書きで清書したりする作業が伴います。子どものジャーナルをなぞるうちに、子どものちょっとした変化や思考、クラスの様子など、一読しただけでは気づかない状況が見えてきます。

　また、ジャーナルが書かれた日から少し経って読み直すと、新たな気づきや発見があります。

　学級通信に掲載するタイミングは、先生にとってもクラスの状況を改めて振り返る機会です。この機会に、より深く、振り返りジャーナルを読み込みましょう。

無断掲載はダメ！　必ず子どもの許可を取ろう

　振り返りジャーナルを学級通信に載せる場合は、内容によらず、必ず書いた子の許可を得ましょう。例えば、「○○ちゃんと遊んで楽しかった」と書かれたジャーナル。一

見、誰が読んでも特に問題のない内容に思えますが、実はこの日、別の子と遊ぶ約束をしていたとしたら、どうでしょう。友達関係にヒビが入るかもしれません。

　子どもたちにもいろいろな事情があり、先生がすべてを把握するのは困難です。子どもの意思を尊重し、学級通信に掲載する場合は必ず許可をとります。また、面談などで、保護者に振り返りジャーナルを見せるときも、事前に子どもに許可を取ってからにしましょう。断られたら、いさぎよくあきらめます。断ざるをえない事情に思いをはせましょう。

　また、予め「学年の先生に見せる可能性があります。誰にも見せてほしくないときには、その日の振り返りジャーナルにそう書いておいてね」などと伝えておきます。

学級通信の読み聞かせ

　学級通信は基本的に保護者に向けて発行されるものですが、クラスの子どもたちにもぜひ読んでもらいたいものです。学級通信で紹介されることがさまざまな活動の励みになります。学級通信を配付する際に、読み聞かせを行うと、全員が読む機会となり、効果的です。

みんながピカピカの笑顔になるように・・・

太陽の子

富塚小学校
2年1組
担任 吉岡明子
平成28年
9月15日
No、45

『掃除の仕方』

　先日の道徳の授業で、掃除について話し合いました。ねらいは「やらなければならない仕事はしっかり行おうとする態度を育てる。」というものです。掃除をいつも一緒にやっているグループに分かれて、大きなホワイトボードを使って話し合いました。そして、掃除の時間。どのグループも、話し合ったことを実行しようと一生懸命に掃除をしていました。終わった時の子供たちの顔が、いつもと違い、とても嬉しそうです。「先生、すごいピカピカになったよ。」「ちゃんとできて、すっきりした。」などと、話している姿に見ている私も嬉しくなりました。

　ジャーナルで掃除について振り返りました。しっかりと掃除をすると気持ちがいいということがわかったようです。ぜひ、この気持ちをもち続けてほしいと思います。

【ジャーナルより】

今日、そうじがうまくできて、うれしいです。はやくできて、こんなにはやいとは思っていなかったので、すごくうれしいです。そうじのことを考えるのは、難しかったです。

そうじの時目ひょうをたてて、その目ひょうでできたと思います。しずかにやって、もくもくとできたと思います。分たんてたのしいし、その目ひょうをするのがたのしいです。

そうじの話し合いで、すみずみまでやるということを、ぼくはめあてにしました。それで本当にできました。とってもうれしいし、とってもよかったです。またこれからも、いっぱいそうじをがんばります。

そうじのことが、どれだけ大へんかわかりました。そうじの作せんも大せいこうだよ。このことをわすれずに、やろうと思います。

今日、そうじの話し合いをしたら、そうじの時、すごいきれいにできたと思います。じぶんはすこしじゃなくて、すみずみまできれいにしたいです。ぼくは手伝うのが大すきです。これからもどんどんどんきれいにしたいです。

今日、道とくでちゃんと書いて、そしてそうじの時、ちゃんとできたし、先生にもほめられてよかったです。教しつがきれいで、ワクワクうれしいです。これからも、そうしたいです。

教室での読み聞かせについては、石川晋『学び合うクラスをつくる！「教室読み聞かせ」読書活動アイデア38』（明治図書、2013年）に詳しい。

振り返りを深める働きかけ①

成長を読み取り、振り返りを深めていく

振り返りがどのように深まっていくのか、実物の振り返りジャーナルで見てみましょう。子どもの成長がはっきりと見えるようになります。

このジャーナルの背景

みかさんのクラスでは、1年生の9月から振り返りジャーナルに取り組み始めました。最初は大きな字を目標に1ページからスタート。1か月後の振り返りジャーナルには、たくさんの文章が書かれており、変化がはっきりとわかります。

みかさん
1年生

> 9/1
> ：ひさしぶりにがっこうにきておもいだした。：　うんうん
> すごくたのしかったてっす
> あしたがらもがっこうがんばる。
> がんばろう!!

Point！

9月初旬、始めたばかりの頃のジャーナルに書かれるのは、「たのしかった」という感想が中心です。じっくりと観察しながら、「1ページ書く」を目標に応援します。

Point！

まだ字を書きなれておらず、絵が混じっています。

子どもと過ごした大切な日々

　振り返りジャーナルを1年間続けて、年度の最後に子どもたちのジャーナルを読み返してみると子どもたちの成長をはっきりと実感できます。それが振り返りジャーナルの大きな魅力のひとつであり、先生がその効果を強く実感できる点です。子どもたちとの楽しかった日々を思い出し、胸がジーンと熱くなります。

　振り返りジャーナルを書き始めた当初は、浅い感想が目立つかもしれません。でも、1ページをめざして取り組むうちにだんだんと深まり、ジャーナルから子どもたちの姿やクラスのエピソードがいきいきと見えるようになります。その過程に、子どもたちの確かな成長が読み取れるのです。

　先生にとって、こうした子どもたちの成長は、大きなエンパワーになります。自分のクラスでの取り組みと子どもの成長をジャーナルの変化から読み取り、その成果を実感しながら学級経営に生かします。

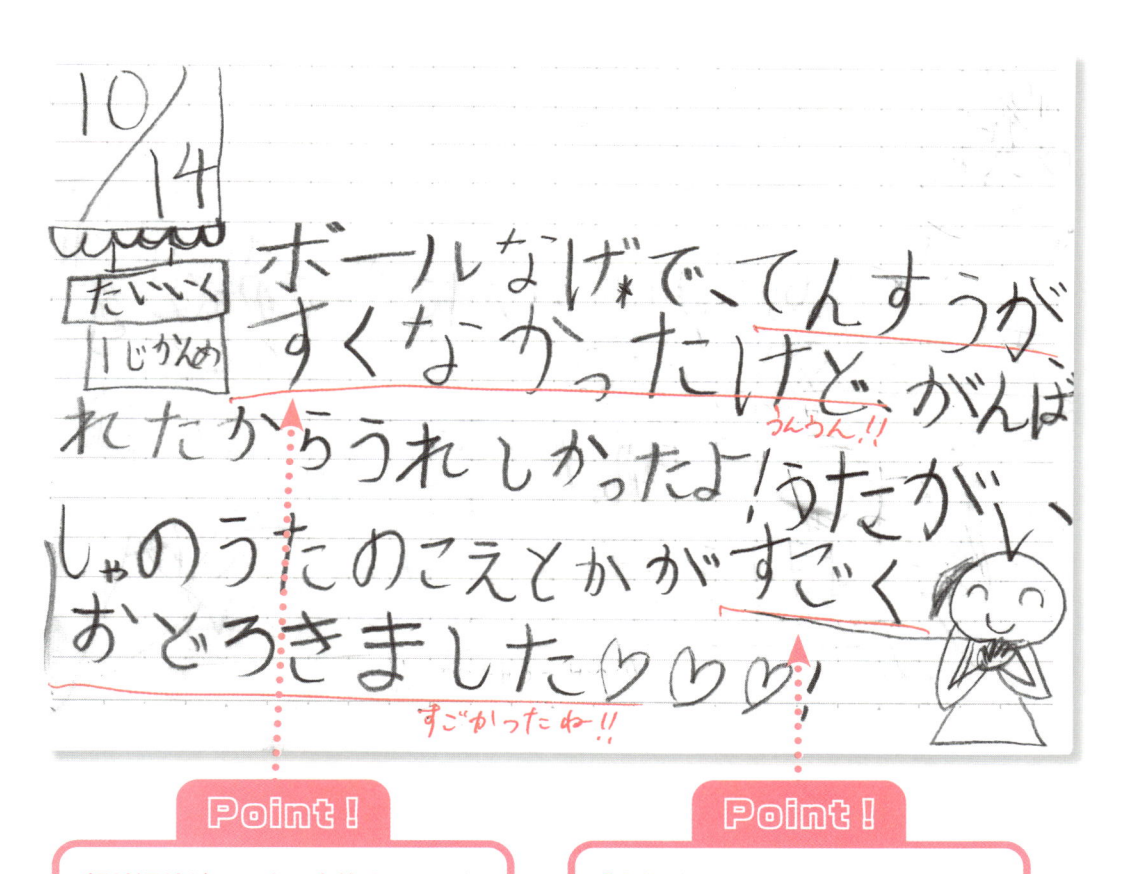

Point！

振り返りジャーナルを始めて、2か月が経った頃。エピソードが加わり、余白が少なくなりました。

Point！

「点数が少なかったけど、がんばれたからうれしかった」「すごくおどろきました」と多様な表現ができるようになりました。

突然、書けるようになる瞬間が来るときもある

　1年生、12月の中旬に書かれたジャーナルです。

　前ページの10月の中旬からふた月。大きく飛躍しています。この日のテーマは「赤ちゃんが生まれたとき」。道徳の時間の振り返りです。

　まず、ひと目見て、文章の量が増えました。ノートの罫線に合わせた文字で豊富な内容が詰まっています。

　先生に伝えたい妹ができた頃の情景を自分の中で問い直しながら、文章にしています。授業でオープン・クエスチョンを活用して、思考の深まりも進みました。「まるで本物のジャーナリストのようだね」と笑顔でハイタッチしたくなります。

　この頃には、シンとした図書館のような空気の中で、子どもたちは集中してジャーナルを書きます。今日を見つめて明日を展望するよい循環が起きています。

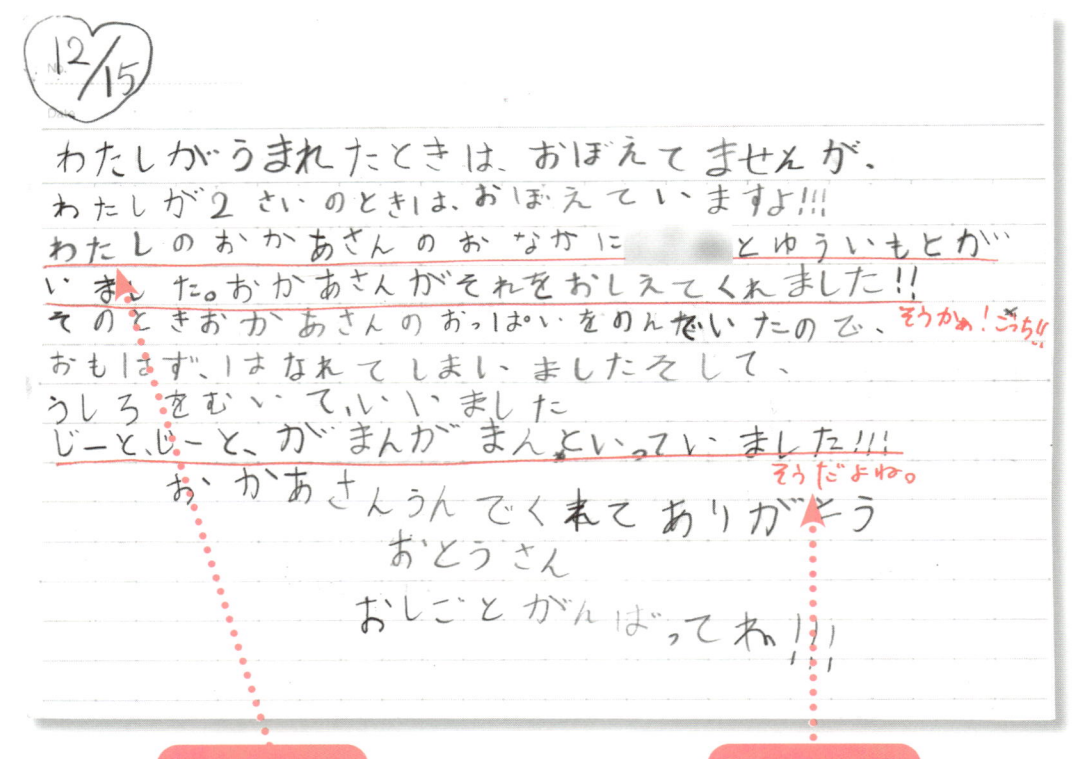

Point！

12月半ばの振り返りジャーナル。テーマは「赤ちゃんがうまれたとき」で、道徳の授業を振り返りながら、妹ができたときのことを思い出しています。

Point！

情景が目に浮かぶような、しっかりとしたエピソードが書けるようになっています。

エピソードを書こう

セルフオープン・クエスチョンができるようになると、振り返りはどんどん深まります。セルフオープン・クエスチョンをどのように身につけていくかを紹介します。

このジャーナルの背景

大きく成長したのはみかさんだけではありません。ホワイトボード・ミーティング® で、クラス全員が話し合いの進行役であるファシリテーターになる練習を積み重ねる過程で、あゆみさんもエピソードを意識するようになりました。

あゆみさん
1年生

12/22

よしおか先生へ

二学きのふりかえり

二学きは、さんすうで、かけざんをやったり、分数をやったりして、いろんなことをまなびました。たとえば、分数のひみつだったりかけざんのきまりだったり、たくさんよいしてをまなびました。こくごではむずかしいかん字を教えてもらって、字もじょうずになりました。あゆみのせいせきのけ、こういいかんじで、学げい会も、家でれんしゅうしたらなりたいやくになれて、さいこうの二学きでした。三学きも、さいこうにしたいです。

うわー
上手でしたよ!!
ぜひぜひ!!

今日は、あゆみをくばられたとき、ほっとしましたりゆうはできるが2こしかなかったからです。前よりにふえちゃったけど、またいじょうぶです。だって2こだからです。

すごいことだよ!!

Point!

テーマは「2学期どうでしたか？」。ペアでオープン・クエスチョンをしながらホワイトボードに書いた内容をもとに振り返りジャーナルを書きました。

Point!

「～というと？」「例えば？」「もう少し詳しく教えてください」と少しずつ情報の階層を深めています。

オープン・クエスチョンで思考を深める方法

94ページで紹介した「ホワイトボード・ミーティング®質問の技カード」は本来、合意形成や課題解決、価値創造を進めるファシリテーション技術として開発したものですが、このプロセスで、子どもたちのコミュニケーション力を高め、ソーシャルスキルを磨くトレーニングとしても機能することがわかっています。

振り返りジャーナルを書くときにも、子どもたちがセルフオープン・クエスチョンで自問自答しながら、思考を深めることができます。

思考の深まりは、以下のように規定しています。

第1階層　今日は理科で実験をしました。（～というと？）
第2階層　プールで水鉄砲の打ち合いをしました。（もう少し詳しく教えてください）
第3階層　プールサイドにわかれて立って、水を掛け合いました。（エピソードを教えてください）
第4階層　一生懸命になるあまり、プールから落ちてしまいました。（事実）
　　　　　3人の友達が手を伸ばして助けてくれたけど、（関係性）
　　　　　ビチョビチョになりました。でも、楽しかったです。（感情や意見）

このように、オープン・クエスチョンを使って思考を深めます。第1・第2階層は情報が浅く、第3・第4階層で情報が深まります。特に第4階層の「エピソードを教えてください」で共有される情報は、その場にいた人も、いなかった人も頭の中に動画モードの映像で情景が共有できます。情景の共有＝情報の共有。ホワイトボード・ミーティング®では、この深さの情報共有で話し合いができることをめざします。

第4階層は第1階層を説明する象徴的な一場面で、事実、関係性、感情や意見で構成されています。また、クローズドの情報（数量や固有名詞）が入ることで、より明確に情景を浮かび上がらせます。例えば、「3人の友達」というクローズドの情報があることで、頭の中に3人が思い浮かびます。これを「5人の友達」とクローズドの情報を変えると、頭の中に浮かぶ情景が変わります。

子どもたちは、まず30回を目標にペアの相手をかえながら、このファシリテーターの練習を繰り返します。このプロセスが子どもたちの聞く力、話す力、共感する力を高め、振り返りジャーナルにおいても、その力が発揮されます。

【参考文献】
『ホワイトボード・ミーティング® 検定試験公式テキスト Basic 3 級』株式会社ひとまち

第5章

振り返りジャーナルの可能性

振り返りジャーナルは、さまざまな可能性を秘めた活動です。振り返りジャーナルを続けていくうちに、子どもたちの日常生活に工夫が表れ、自分や他者への理解が深まります。ここでは、振り返りジャーナルの発展的な内容について紹介します。

1年間で現れる成果

振り返りを通して伸びていく子どもたち |||||||||||||||

　毎日、一定時間、一定量を書き続けると、子どもたちの書く力は高まります。１年間継続すると、分量にも内容にも成長が見られます。

　ある子は、引っ込み思案で、なかなか自分の意見を言えませんでした。でも、振り返りジャーナルを書き続け、先生からの励ましに意見が伝わる喜びを得て、やがて全員の前で堂々と、話せるようになりました。また、感情のコントロールがうまくできなかった子が、振り返りを習慣化する中で、自分を客観的に見つめるようになり安定しました。安定するとグンと成長が加速します。

　子どもたちのエピソードや成長の形は、一人ひとり固有でユニーク。その成長のプロセスは、書き溜めた振り返りジャーナルを読み返せば、ありありと見えます。

　子どもたちが、そしてクラスの成長のプロセスがはっきりと見えるから、振り返りジャーナルは「やってよかった」と思える取り組みになるのです。

No. 13　Date ・ ・

5/8(火)

私は3月にこうなりたいか～…
これをみにつけたいは…私から、できていない人に声をかけるで～す。
もちろん自分が一番だけど、自分が終わったら、すぐに周りを見て、「見れども見えず」には、絶対になりたくないと思います。
私は最近、少し手を挙げられるようになってきたので、ずっとこの調子!!
…でいけると思います!!でも、もっと自分を伸ばしたいと思いました。
これからも、もっとがんばりたいです。
人前に出るのが苦手なので、3月にはそれがふつうになっていたいです。

No. 121
Date 3.18 月　☆ イワセン
残り2日！

あ〜 実感わかないな… でも… スライド見て、うるうるポイントが何か所かあった！前、見てたら、泣かないのにな…。もう、卒業したくな〜い！このクラスのまま、中学行きたい！（笑）でも、うちはそれぐらい、このクラスが好き！1学期は、「5-2がよかったな〜…（メンバーね。）」、て思ってたのがウソみたい！ホント、はなれたくない！どうにかして！（笑）

この1年間、色々あったね… トラブル、失敗、成工力…。対立もよくしたよね。（笑）（張本人。）でも、そのおかげで、◼️◼️◼️と仲良いよ！イワタンもだっそうしたし。もうおわりなんだね、なんかサビシて… 残り2日、大切にす

（イワセンも!!）
（ずっと裏側だとか！）

1年の最後には思い出の詰まったノートに ||||||||||||||

　振り返りジャーナルを1年間続けると、ノート3冊分くらいになります。この厚みに、一人ひとりの思い出が詰まっています。

　最後のページには、先生から子どもたちへのエールを書きましょう。

　もう短いフィードバックでなくていい。1ページいっぱいに、一人ひとりのこれからに、心を込めた応援メッセージを書いてOKです。そして子どもたちに振り返りジャーナルを渡しましょう。

　「あのとき、苦しかったけれど、乗り越えられた」

　「あのときは、こんなふうに悩んでいたけれど、今はもう大丈夫」

　「クラスがおもしろくてサイコーだった」

　これから子どもたちが困難にぶつかったときも、読み返すことで立ち向かう勇気が湧く。振り返りジャーナルは、先生の励ましのフィードバックと共に、生涯にわたって子どもたちをエンパワーし続けてくれます。

振り返りジャーナルを読み返そう（子どもたちへのメッセージ）

先生からのメッセージ ||||||||||||||||||||||||||||||||||||||||||

　振り返りジャーナルの最後のページには、先生から子どもたちへ思いを込めたメッセージを贈りましょう。

　1年間、ありがとうございました。みなさんの振り返りジャーナルは何冊になったでしょうか。雨の日も、風の日も、ほぼ毎日。お疲れさまでした。

　1ページ目を見てください。このクラスが始まった最初の頃、みなさんはどんなことを書いていますか。これから始まる新しい1年に、たくさんの夢や希望を持っていたと思います。あるいは、不安や不満もあったかもしれません。一人ひとりの状況は違うかもしれないけど、でも私たちは、かけがえのないクラスの一員として一緒にスタートを切りました。つい昨日のようにも思うし、遠い昔のような気もします。

　パラパラとめくると、この1年間の出来事や考えたこと。そして、自分や友達関係、クラスの成長を読み取ることができます。

　まずは、文字の変化。毎日、頑張って書き続けたから、最初と最後を比べると文字が上手になっています。慌てて雑になった日もあるけど、この1年間でみなさんは心を込

めて文字を書く練習を積み重ねてきました。ぜひ、これからも心を込めて書いてください。それは、私たちの毎日を大切にすることと直結しています。

　次は文章です。最初はあまり書けなかった人も、最後にはたくさん書けるようになりました。これは、みなさんの思考が深まった証拠です。自分やクラスに起こった出来事をそのまま流してしまうのではなく、ちょっと立ち止まって、「なぜ、こうなるのだろう」と分析し、「次はどうしよう」と解決のために試行錯誤を繰り返した結果です。解決策が出なかった日もあります。泣いたり、怒ったり、すねた日々もありました。でも、大丈夫。そんな感情も心の栄養です。今なら懐かしく思い出せます。

　今年1年、本当にたくさんの楽しい行事がありました。運動会や修学旅行は今年のクラスを語る時に外せない大切な思い出です。でも、振り返りジャーナルを読み返してみると、普通の日々にも、たくさんの楽しみや成長があったことがわかります。授業にも、たくさんのエピソードがありますよね。みなさんの成長は毎日の授業にこそあったのだとわかります。難しい問題をクリアした算数。友達と一緒に物語の世界を楽しんだ読書。ドキドキワクワクのチャレンジ。一人ひとりの振り返りジャーナルには、そんな授業での振り返りがたくさん綴られています。

　そして何より大切な友達です。1年間、ずっと一緒にいたクラスメイトは、家族よりも長い時間を共に過ごしてきました。思わずハイタッチして喜んだこと。ケンカをして気まずくなったこともありました。そのひとつひとつを、どんなふうに解決してきたのか。あるいはやり過ごせたのか。振り返りジャーナルを読み返してみると、その様子がよくわかります。大人になって何か困ったら、ぜひ、振り返りジャーナルを読み返してみてください。きっと、この1年間の経験にヒントがあるはずです。

　振り返りジャーナルを読むことで、あなたとつながれ、あなたのことを知り、あなたの成長に励まされました。一緒に成長した1年をとても嬉しく思います。これから始まる次の学年も、1日、1日を大切に、元気に、楽しく、過ごしてください。あなたなら、大丈夫。心を込めて、ありがとうございました。

高校を卒業したくらいで読み返すと

　振り返りジャーナルを読み返すと、そのときの思い出が蘇ってきます。もちろん、学年の終わりに読み返しても感慨深いですが、本当にそのかけがえのなさに気づくのは、もう少し時間が経ってからかもしれません。高校を卒業したくらいの頃に、もう一度、小学校の頃の振り返りジャーナルを読み返すと、きっと大切なことを思い出せるはず。そして、先生や友達の励ましのコメントが大人になってからの人生も支えてくれます。

振り返りジャーナルを学校・学年で行う

学年で読み合い、互いのクラスを知る ||||||||||||||||||||||||||

　振り返りジャーナルは、自分のクラスだけでも取り組めますが、学校や学年で取り組むと、より効果を発揮します。

　例えば学年が2クラスのときは、両方で取り組んで日頃から双方のクラスの振り返りジャーナルを読み合っておくと、共に子どもの成長を喜び合い、何かトラブルが起こったときにも相談しやすい環境になります。

　お互いのクラスの子どもの状況を常に把握し、成長や失敗の物語が共有できていると、的確なアドバイスもしやすくなります。

　先生だって常に相談できる同僚、先輩がほしいものです。何か困ったトラブルが起こったときに、突然、相談をするとなると、状況説明だけで時間がかかりますが、日頃から振り返りジャーナルを通じて情報共有ができていると、その時間も短縮されます。

　もちろん、アドバイスもしやすい状況になります。先生同士のコミュニケーションを円滑にし、子どもの姿を中心に学級や学年、学校をマネジメントするときに、振り返りジャーナルはとても効果的なツールなのです。

　また、深刻な問題も予兆の段階でキャッチして、子どもをサポートするための環境調整を学年や学校で準備できます。振り返りジャーナルの可能性はとても高いのです。

読み合うことで職員室の雰囲気が変わる ||||||||||||||||

ある先生からのフィードバックです。

「放課後、職員室の話題が愚痴や不満になりがちだったのですが、振り返りジャーナルを始めてからは、ネガティブな情報ではなく、子どもたちのよいところや、成長したところの話をする時間が多くなりました。おかげで職員室の雰囲気が明るくなったんです」

振り返りジャーナルを読むと、他のクラスの子たちの姿もわかるようになります。廊下で顔を合わせたときも、「あっ、この子はこの前、野球の試合を頑張っていたな」と思い出し、これまで以上の親近感をもって声かけができます。

日常的に子どもたちの姿がよく見えるようになるので、先生の「いいことアンテナ」の感度がよくなり、子どもが何かよい行いをしているのを発見すると、「ねえ、ねえ、先生のクラスの子、こんないいことしていたよ」と、担任の先生に知らせたくなります。たくさんのクラスで実践されるようになると、放課後に「ちょっとこれ読んでみて！頑張っているよねー！　感動しちゃった」などなど、ポジティブな子どもの情報のやりとりも自然に行われます。

先生同士がエンパワーし合う関係が育まれる職員室は、互いの実践に学び合う機会も増え、働きやすい職場へとつながります。

No. 33
Date 6・20・水

チョンさんへ

私も きんちょうした！！

今日、チョンさんが来るということで、すごくきんちょうしていて、特別授業ってどんなのかな〜とか思ってたんですけど、すごく楽しかったです。

まず私の自己しょうかいをします。

同じです！

名前　　　　　　　　　血液型 O型 好物

同じです！

きゅうり きらいな食べ物 プリン、チョコレートなどなど です。私は5年生の時まで、学校がすきじゃなかったんですけど、6年生になってからは、土日をはさんでも毎日がすごく楽しみになっています。

すばらし！！

明日もとても楽しみです。ウキウキです。あめちゃん入れておいて下さいね。グラフィックとても書くのが早くてビックリしました。

ハハハ！

ん、みんなも 上手をびっくりでした！

ありがとうございました。

家庭とつながっていく
振り返りジャーナル

学校外での様子が伝わる ||||||||||||||||||||||||||||||||

　高学年で振り返りジャーナルに取り組んだあるクラスでは、週明けの月曜日にテーマを「土日、どうしてた？」としました。

　子どもたちの書くジャーナルからは、普段の学校とは違う子どもたちの家庭での様子が見えてきます。

　特に高学年になると、子どもたちの生活の範囲は広がります。塾や習い事、スポーツなど、学校外での人間関係の中で、学校とは少し違う「自分」を見せたり、体の成長とともに急激に大人びて少し不安定になるときもあります。

　先生が見えるのは学校での姿だけ。外に広がる子どもたちの様子に好意的な関心の態度で寄り添いたいときにも、振り返りジャーナルは重宝します。

家庭と学校がつながって子どもを支える ||||||||||||||||||

　このクラスでは、保護者会の際に子どもたちのジャーナルを保護者が読んでフィードバックを書くイベントを開催しています。

　低学年の頃は、学校であったことを雄弁に話してくれていた子どもたちも、高学年になると家庭での口数は減りがちになります。

　しかし、こうしたイベントで自分の子どものジャーナルを読む機会があると、日頃の子どもたちの様子や葛藤、チャレンジ、成長を保護者が実感できる機会になります。また、先生が子どもを応援している様子も伝わると、保護者の安心も高まります。学校と保護者がつながるツールにもなるのです。

　また子どもたちにとっても、保護者から直接、ポジティブなフィードバックをもらえるよい機会です。

　いつもはつい「宿題しなさい」「早く寝なさい」など、子どもにとってネガティブな言葉がけになる場合も多いものですが、振り返りジャーナルには子どもへの応援メッセージをお願いして書いていただきましょう。子どもたちも、日々の学校生活を保護者が応援してくれていることを改めて実感します。

　子どもの育ちを支えるときには、家庭と学校の協力関係が大前提。

　振り返りジャーナルを通じて、先生は休日や家庭での様子を、保護者は学校での様子を共有し、共に温かいフィードバックで子どもの成長を喜び合います。

家庭の様子が伝わる振り返りジャーナル

保護者にコメントを書いてもらう

この先生のクラスでは、保護者会の際に子どもの振り返りジャーナルを読み、フィードバックをするというイベントを開催しています。保護者に振り返りジャーナルを読んでもらうことで、学校の取り組みへの理解も深まります。

このジャーナルの背景

このジャーナルは、学級参観の日に書かれたもの。保護者の皆さんが見つめる中、そうたくんは「いつもとかわらないでやった」と、平常心で授業を受けることができたと報告しました。いちばん下のコメントが、そうたくんのお母さんによるフィードバックです。

そうたくん
5年生

ちょん先生へ

No.

Date 2 . 22 .

今日はどうだった？

いつもと 変わらないで できたと思います。**うんうん！**
班王はちがったけど、きんちょうはしなかったです。
暗しょうもまちがえなかった。
練習したとおりにやったら、じょうずにできました。**すばらしい！**
いつも授業ではまちがえてたところも、今日はまちがえずに
できました。
いっぱい練習したからかな。**やったね!!**

いつも仕事で遅くなって、　　　　が暗唱の練習をしていたことは知りませんでした。
**　　　ば、いつもがんばっているね。弟のお守りや、家の手伝いもしているのに、**
暗唱もがんばっていたんだね。いつも本当にありがとう!!

Point！
そうたくんは、この日のために練習をしてきたことを報告しています。

Point！
お母さんからのフィードバックで、子どもへの承認と感謝が伝わります。

保護者会でのイベントとして

　この先生のクラスでは、保護者会の中で子どもの振り返りジャーナルを保護者の皆さんが読む時間を取っています。保護者の皆さんは「自分の子どもは学校でどう過ごしているだろう」という不安を抱えているもの。自分の子どもの振り返りジャーナルを読むと、いきいきとした学校での活動の姿が見えてくるため、保護者会がとても和やかなムードになるといいます。

　この日のテーマは、「今日はどうだった？」というもの。もちろん、子どもたちは授業参観のことを書いてきます。緊張してしまったと書く子、いつもどおりできたと書く子、反応はさまざまですが、どのジャーナルからも、この日に向けて努力してきたことが伝わってきます。

　振り返りジャーナルは、家に持ち帰らず、先生に提出して帰るため、基本的に保護者の方の目に触れることはありません。学級だよりなどに一部のジャーナルを掲載することはありますが、保護者の方が自分のお子さんのジャーナルをじっくり読むのは貴重な機会です。

　実際に保護者会でジャーナルを披露する前に、子どもたちには「保護者会で読んでもらうよ」ということを伝えておきます。これは、三者面談などを行うときに振り返りジャーナルの内容を話題にする場合も同様です。

子どもの頑張りに家族が気づくきっかけに

　保護者に振り返りジャーナルを読んでもらうことで、学校での取り組みに対する保護者からの理解と信頼が得られ、学級経営を円滑に行うことができるようになるという効果があります。

　しかし、これを実施している先生は、むしろ保護者の皆さんに自分のお子さんの頑張りを知ってほしいという思いから、このイベントを続けているといいます。

　授業参観は、子どもたちが学校で頑張っている姿を直接見る貴重な機会。そこで見ることができるのは、日々の活動の中のほんの一部でしかありません。しかし、振り返りジャーナルに取り組んでいれば、ノートの中には過ごしてきた毎日の記録がたっぷり残っているのです。これを読んでもらうことで、授業参観だけでは見ることのできない子どもたちの姿を知ってもらうことができます。

　振り返りジャーナルからは、子どもたちの喜び、悩み、成長を読み取ることができます。普段は叱ってばかりだというお母さんも、振り返りジャーナルを読むと、子どもをほめてあげたい気持ちになるそうです。

　子どもの成長のためには、子ども自身の頑張りに加えて、周りの人々がその努力を認めてくれることが大切。振り返りジャーナルを読んでもらうことで、子どもの日々の頑張りを認める家庭の力が増すことになるのです。

自分たちで問題を解決する

学年の後半になると、子どもたちの振り返りジャーナルもたくましくなります。
対話を重ねて来た子どもたちは、いつの間にか自分たちで問題を解決できる
ようになっています。

このジャーナルの背景

1年生の2月に書かれたジャーナルです。みかさんは入学した頃
から大きく成長し、クラスの問題を率先して解決できる子になっ
ていました。この振り返りジャーナルは、休み時間に起きたトラ
ブルを報告しています。

みかさん
1年生

2/12　　おだいたいいくの日

たいいくで、サッカーをしました。
うまくけれたのでうれしかったです　すてき‼
また木ようびたのしみ。
なかやすみのことなのですが、
もうかいけつしたのできにしないでください。
あと、ダンボールと、ペットボトルがたおしにくかったのは　よかったです。
ペットボトルでした。　そうなんだ。

Point！

「もうかいけつしたのできにしないで
ください」トラブルについて、自分
たちで話し合って解決できたたくま
しさが伝わります。

Point！

先生は状況を確認しつつ、ジャーナ
ルではシンプルに応えます。子ども
の自立心に寄り添います。

自分たちで解決する力がつく

振り返りジャーナルでは「あのときどうすればよかったんだろう？」「次に同じ失敗をしないためには？」といった振り返りを繰り返していきます。また、ホワイトボード・ミーティング®などのファシリテーションを何度も経験することで、課題を対話で解決していく方法を学んでいきます。

これにより子どもたちは同じ失敗を繰り返さず、トラブルが起きても自分たちで解決する力を身につけます。

この振り返りジャーナルには、「なかやすみのことなのですが、もうかいけつしたのできにしないでください」と書かれています。どうやらクラスでトラブルがあったようなのですが、自分たちで解決できたようです。

みかさんのクラスでは「信頼ベースの学級ファシリテーション」[※9]の取り組みとして、ホワイトボードを使った話し合い活動に取り組んでおり、この日も子どもたちが話し合いの進行役であるファシリテーターとなり、双方の話を聴きながら、自分たちでホワイトボードに意見を書いて話し合ったようです。

みかさんも、ファシリテーターの練習を続け、何かトラブルが起こったときは、自分が進行役となって問題を解決することができるようになっています。こうした経験が子どもたちの中で自信となり、少しのことでは揺らがない、安定したクラスができあがります。信頼ベースの学級経営は、このような子どもたちの自律的な活動を大切にして進められます。

子どもの自主性を尊重する

このジャーナルに対して、先生はあまり大げさに反応せず、シンプルなフィードバックを返しています。すでにクラスが成熟してきており、ある程度まで問題を子どもたちで解決できるという見立てもあります。解決後に報告を聞くと状況の把握も進みます。

様子を見つつ、自分で問題を乗り越えられるようであれば、子どもたちに任せていきます。

※9〔信頼ベースの学級ファシリテーション〕————
著者である岩瀬直樹とちょんせいこが提唱する学級経営や授業のスタイル。先生や子どもたちがファシリテーターとなり、教室に豊かな対話を育んで、合意形成や課題解決力を高める。遊ぶように学び、学ぶように遊ぶ、幸せな子ども時代を探究する取り組みです。

1年を通した活動として②

子どもとの信頼関係を育む

子どもたち一人ひとりと先生が信頼ベースのチャンネルでつながる振り返り
ジャーナルは、取り組んでいくうちに、先生と子どもとの間に強い信頼関係
が育まれます。先生との間に信頼が見えるジャーナルを紹介します。

このジャーナルの背景

えいたくんは、46ページで紹介した「せんせいこら」と先生を叱
るジャーナルを書いた子です。文字を書くのは得意ではないえい
たくんですが、振り返りジャーナルには一生懸命取り組み、先生
との間に強い信頼関係を築いていきました。

えいたくん
1年生

No.

Date 3 25 金

> きょうは 一年生 さいごの日
>
> きょうは 一年生 さいごの日
> になりました！
>
> 2年生 へのじゅんびは OK

Point！

「2年生のじゅんびは OK」と自信をのぞかせ
ています。

書くのが得意でない子も大丈夫！

えいたくんは、日々の振り返りジャーナルにあまり多くの文章を書きません。1行や2行で終わらせてしまう日もあります。しかし、嬉しかったことや悲しかったことがあった日は心の動きがわかりやすく、たくさんの言葉や文章を書きます。アプローチとしては、日常の小さな機微に一緒に着目することをめざしました。

まずは、失敗をゼロにするために、先生がどんな振り返りジャーナルも安定的に受け止めます。そして、子どもたちと一緒に小さな成功体験を積み重ねます。そして、いよいよ大きな飛躍にチャレンジです。たくさんの分量を書いたり、深い内容を書いたり、子どもたちがグン！　と伸びていく瞬間が訪れます。

でもそのタイミングは一律ではありません。子どもたちそれぞれによって違います。1年というスパンが合っているときもあれば、そうでないときもあります。えいたくんが大きな飛躍にチャレンジするときは、この半年後かもしれません。今はまだ力を溜めている成長のプロセスにいると受け止めて、小さな成功体験を積み上げていきましょう。

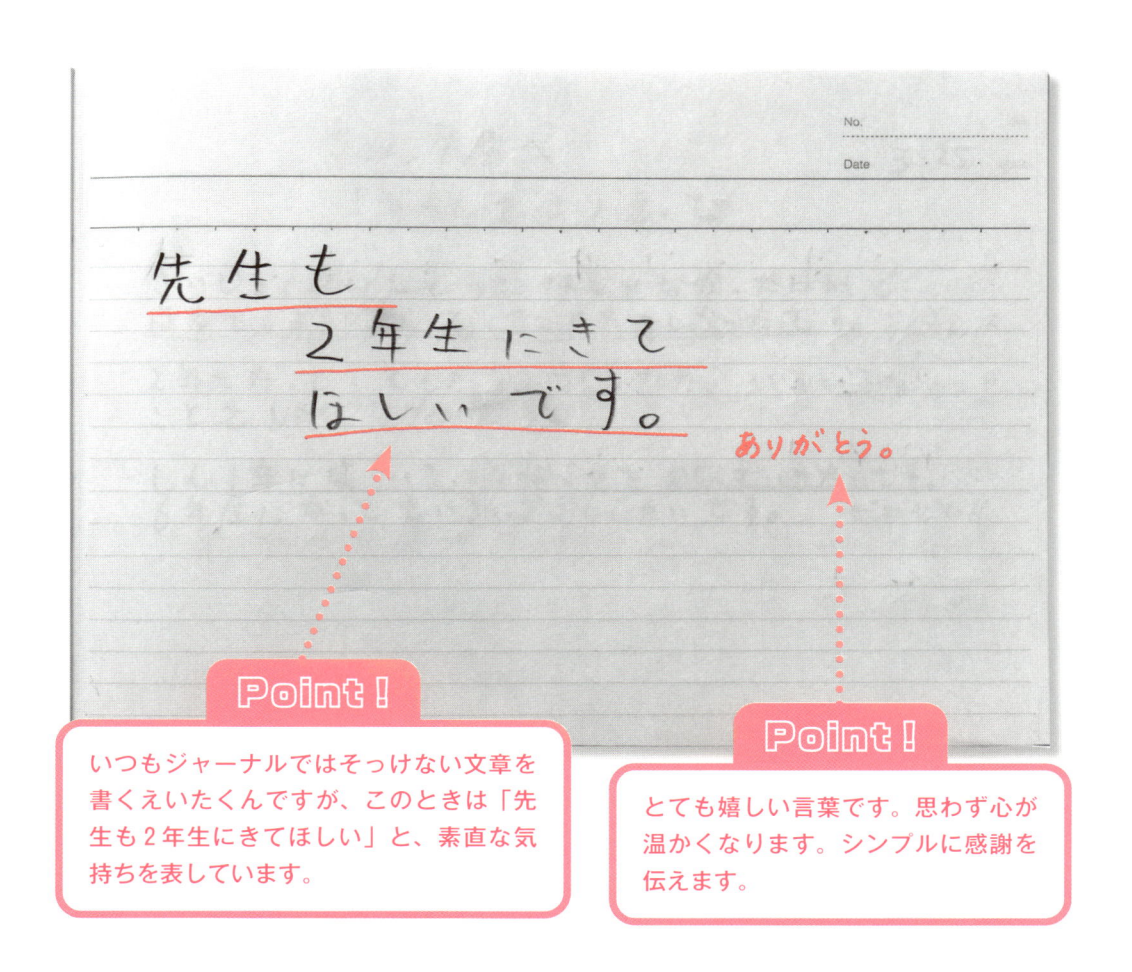

Point！

いつもジャーナルではそっけない文章を書くえいたくんですが、このときは「先生も2年生にきてほしい」と、素直な気持ちを表しています。

Point！

とても嬉しい言葉です。思わず心が温かくなります。シンプルに感謝を伝えます。

クラスの変遷がわかる

1年を通じて振り返りジャーナルに取り組むと、年度末にはジャーナルを読み返すだけで、クラスがたどってきた変遷を見ることができます。クラスの変化がわかるジャーナルを紹介します。

このジャーナルの背景

ゆきさんは代表委員も務めるリーダー的な存在。6年生になってクラス替えがあってから、少しの間、クラスの悪いところが見えて苦しかったようです。一連のジャーナルからは、ゆきさんのクラスに対する気持ちと、クラスのみんなの変化が見て取れます。

ゆきさん
6年生

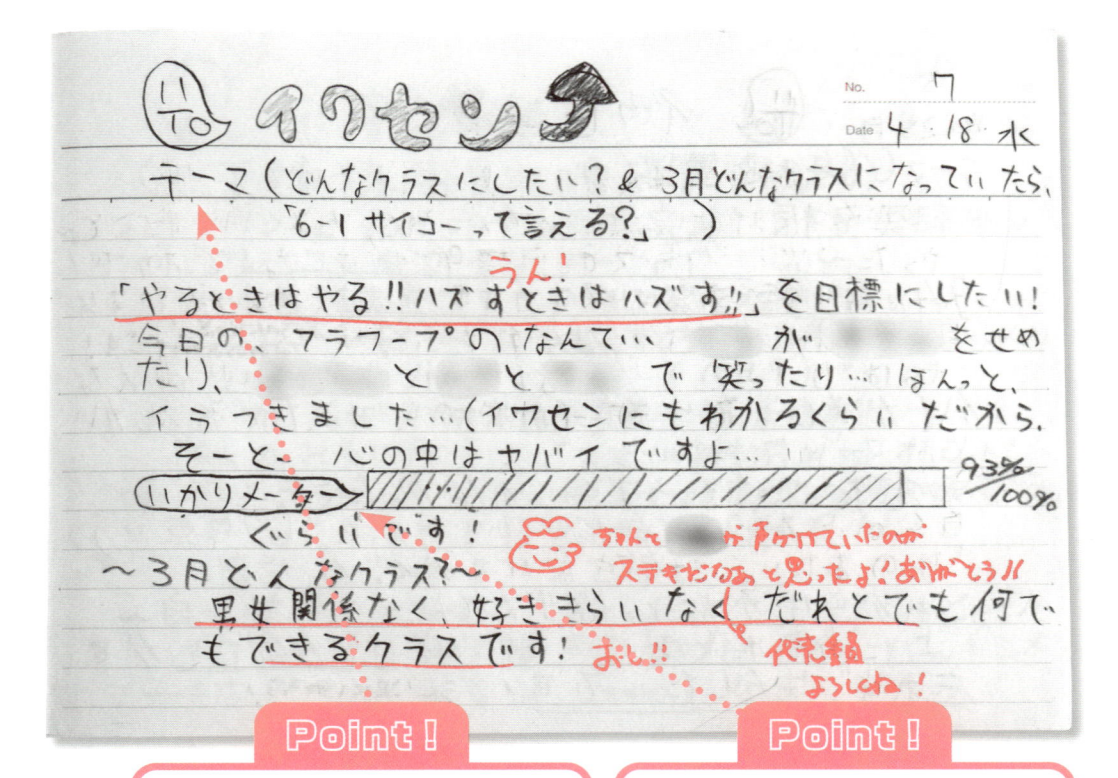

Point！

学年が始まってから2週間ほどが経った頃、「どんなクラスにしたい？」というテーマでジャーナルを書いてもらいました。

Point！

この日のクラスでの様子に、ゆきさんはとても怒っていました。まだクラスに対する信頼度が高くないことがわかります。

困難に直面したときこそ、しっかりと振り返りを

　1年間を通じて振り返りジャーナルに取り組む場合、時期を見て、何度か「どんなクラスにしたい？」と、クラスについて振り返るテーマに取り組みます。クラスにおける自分の行動を客観的に振り返り、のちに読み返したときにはそこに成長の足跡を見ることができます。

　トラブルや失敗も、振り返りをしっかりと行うと、子どもたちの成長の糧となります。ゆきさんは最後のジャーナルに「この1年間いろいろあったね……トラブル、失敗、成功……対立もよくしたよね」と振り返っています。トラブルや対立に直面したとき、大切なのはそれについてしっかりと振り返りを行い、「どうすれば、よかったのか？」「次に同じようなことがあったら、自分はどうするとよいのか？」と考える体験です。謝るだけでなく、次へと生かす中で子どもたちはたくましさを身につけます。

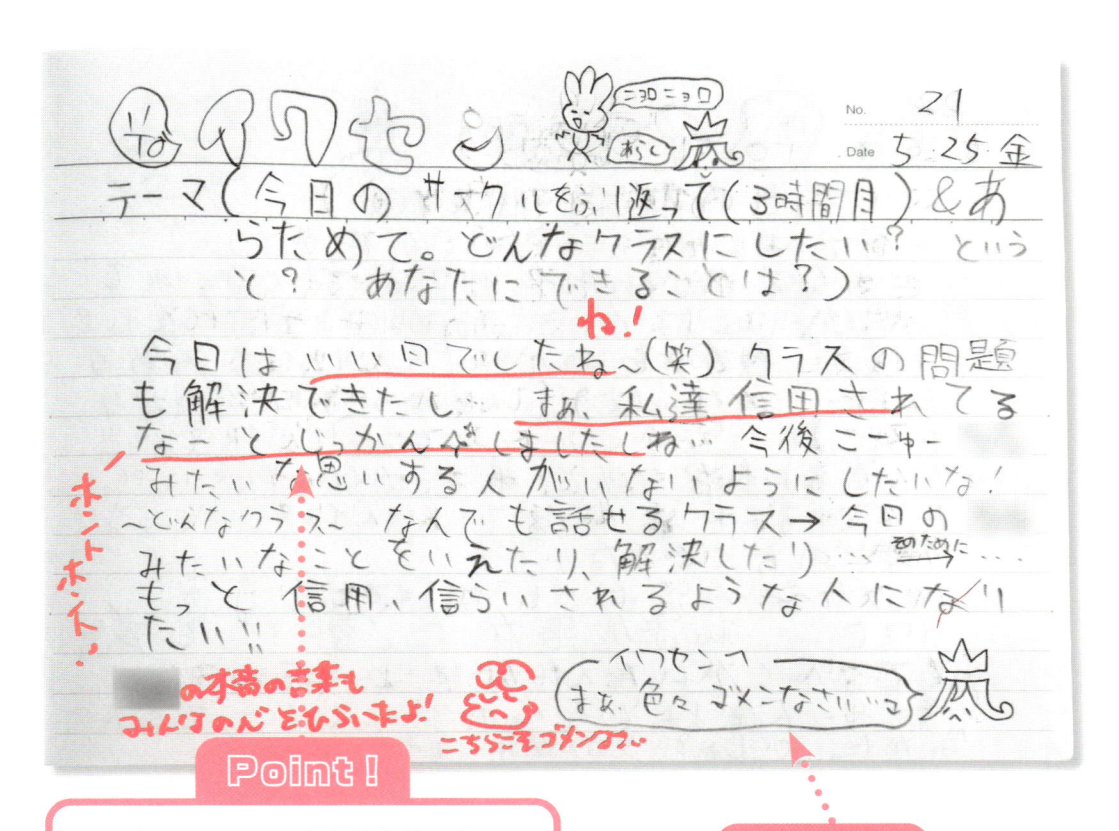

Point！

話し合いでクラスの問題を解決した日のジャーナルです。先生がクラスの問題解決を子どもたち自身に任せたことで、「信頼されてるなー」と感じています。

Point！

言葉では難しい「ごめんなさい」も、振り返りジャーナルでは素直に伝えやすくなります。

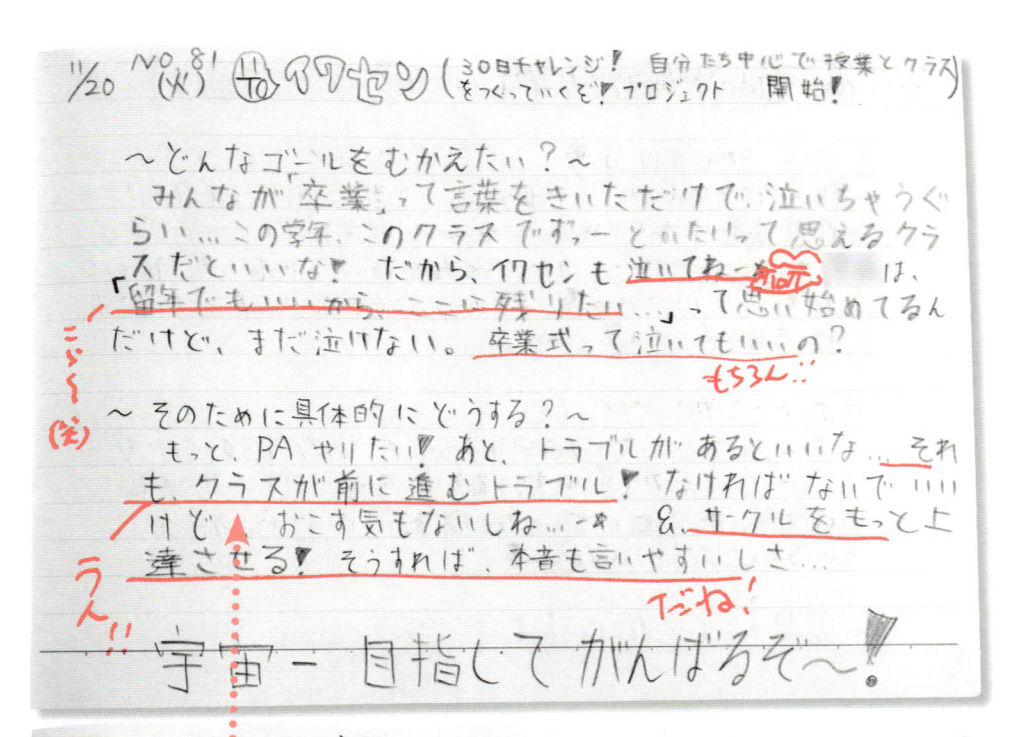

11/20 (火) NO.81 イワセン（30日チャレンジ！ 自分たち中心で授業とクラスをつくっていくぞ♥ プロジェクト 開始！）

〜どんなゴールをむかえたい？〜
　みんなが「卒業」って言葉をきいただけで、泣いちゃうぐらい…この学年、このクラスでずーっといたいって思えるクラスだといいな！ だから、イワセンも 泣いてね〜♥ 〇〇〇 は、「留年でもいいから、ここに残りたい…」って思い始めてるんだけど、まだ泣けない。卒業式って泣いてもいいの？
もちろん!! （赤）
こわ〜（笑）（赤）

〜そのために具体的にどうする？〜
　もっと、PA やりたい！ あと、トラブルが あるといいな…それも、クラスが前に進むトラブル！ なければ ないで いいけど… おこす気もないしね…♥ &. サークルをもっと上達させる！ そうすれば、本音も言いやすいしさ…
だね！（赤）
うん!!（赤）

宇宙ー 目指して がんばるぞ〜！

イワセン　No. 108　Date 2.13.水

3学期半分 終了！
　今日でもう半分か…。なんかサビシイ…。。。
卒業したくないよ〜♥　この27日、色々あったよね〜。
宇宙ープロジェクトが 終わったり、野イチゴプロジェクトが
START したり…（〇〇〇とケンカしたり…）あと、インフルが
あったり、国会議事堂 いったり、←バス、楽しかったよ
ね。　なんか かいててサビシクなってきた…。ホント…
　まあ、まだ27日ある!! プロジェクトだって完成してない！（プロジェクトが アブない !!!）
　あと27日、有意議にすごすよ…。
ね!!（赤）

〜未来の3組へ ビデオレター〜
←思いつかない…！ みんな、助けて…!!
しかも明日だし…。どんなことかけばいいかな？
来因にしてもらえる?（赤）

発展的な振り返りジャーナル①

他の先生にあてた振り返りジャーナル

通常は担任の先生に向けて書く振り返りジャーナルですが、専科の先生やゲストティーチャーに協力をお願いしたときは、その先生宛ての振り返りジャーナルを書きます。ここでは、ゲストティーチャー宛の振り返りジャーナルを紹介します。

このジャーナルの背景

この日はクラスにちょんせいこが訪問しました。振り返りジャーナルでは、担任の岩瀬ではなく、「ちょんさんへ」というテーマで取り組みました。

ゆきさん
6年生

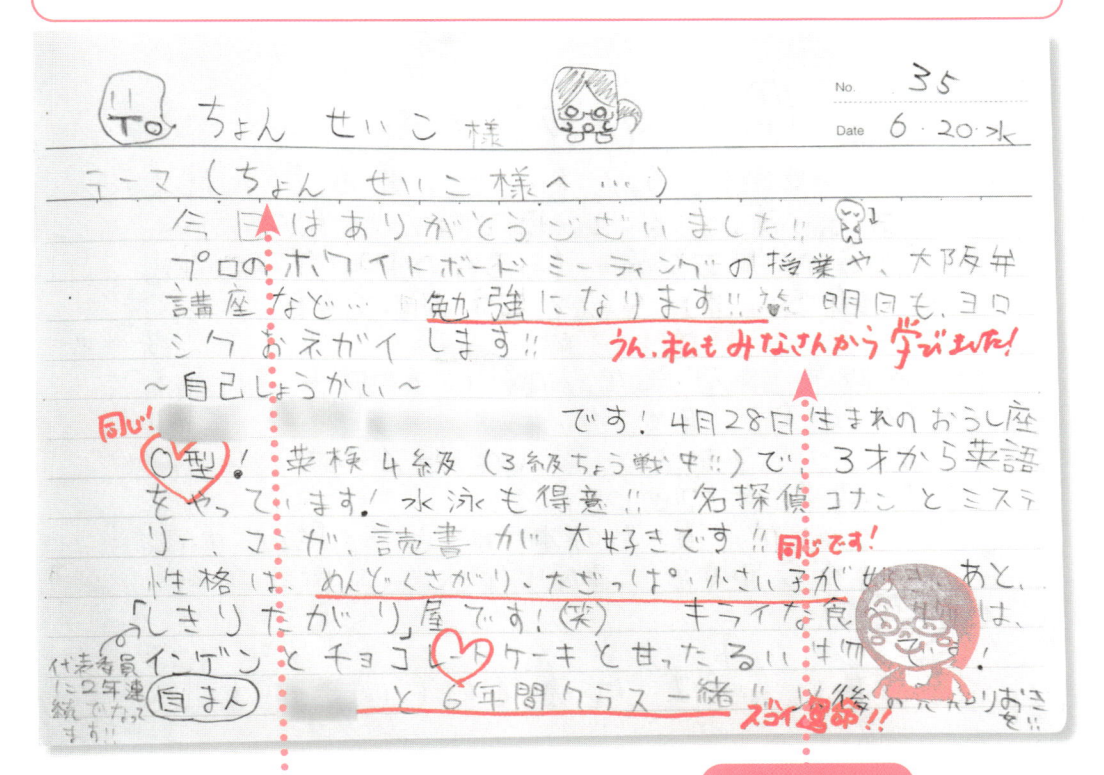

Point！

テーマとして、他の先生に宛てたジャーナルを書きます。

Point！

この日のフィードバックはちょんせいこから行いました。一人ひとりの様子がよくわかります。

ゲストティーチャーが来たときはチャンス

　ゲストティーチャーとの出会いは、子どもたちにとって、リアルな社会とつながるチャンスです。ゲストからの学びをどんなふうに学校生活や自分の暮らしに生かすのかを考えるためにも、振り返りジャーナルを活用しましょう。

　朝のうちに「今日は○○さん宛に振り返りジャーナルを書くよ」と告知しておくと、子どもたちの真剣度もアップします。

　下のジャーナルでは、ゲストティーチャーからのフィードバックが書かれていますが、読んでもらうだけでも OK。ジャーナルのコピーをお渡しして、フィードバックは担任が書くときもあります。大事なのは、①貴重な体験をしっかり振り返り、②ゲストティーチャーからの学びと自分の接点を確認し、③非日常の 1 日が日々の振り返りジャーナルの 1 ページに収まって、日常と非日常が連続性をもって有機的につながることです。

ゆうとくん
6 年生

Point！

この日はちょんせいこから、自由に選んでよいこととして、「お好きなこと」というテーマも提示しました。

Point！

ゆうとくんはこのテーマをもとに自己紹介をしてくれました。子どもたちのことを知ることで、ぐっと距離が縮まります。

学習の意義を再確認するきっかけに

担任の先生以外の人に書く振り返りジャーナルは、いつものとは少し雰囲気の違うもの。子どもたちも、新鮮な気持ちで書きます。こうした機会は、改めて学習の意義を見つめ直すきっかけになります。

外部の方との出会いから何を学んだのか、わかったことや疑問を振り返ります。意識しないと流れてしまいがちな日常に立ち止まって考えることにつながります。そして感謝の言葉を伝えます。

また、振り返りジャーナルを担任とは別の先生宛てに書く取り組みは、外部講師の先生だけでなく、専科の先生などに対しても有効です。機会をみて、他の先生に向けたジャーナルにも積極的に取り組んでみてください。

まみさん
6年生

Point！

総合的な学習の時間で、「夢に向かって」というテーマに取り組み、講師の先生に来ていただいた際のジャーナルです。講師の先生に向けてジャーナルを書いています。

Point！

自分のことを知らない人に向けて、どのような文章を書くべきなのか、よく考えて書かれています。高学年では特にこうした機会をもちたいものです。

発展的な振り返りジャーナル②

1年間で成長したこと

年度末には、1年間の振り返りをテーマにします。前の学年と、今を見比べて振り返ると、1年間の伸びを実感できます。

このジャーナルの背景

まゆみさんは、1年間の振り返りとして、自分の成長した点について考えました。読書、対人関係、努力の継続といった、さまざまな成長を実感しています。

まゆみさん
6年生

イワセンへ

1年間を 振り返って

　自分に力がついたと思うのはやっぱり読書。5年生の時より、もっとレベルアップして夏休みと冬休みにいい本と出会ったからよかった。6年生の今まで一番おもしろかったのは、やっぱり「モモ」。それをすすめてくれたのはイワセンだから、とても感謝しています。

　あと、5年生のときより、人に対して公平に接するようになったからよかったです。意識してやってきたけど、2学期の後半くらいから無意識でもできるようになった。そのお手本はAちゃん。Aちゃんはだれに対しても公平で、前、計算ドリルが終わっていない人にすぐ、助けていたから、私もAちゃんみたいな、公平に接する人間になりたいと思う。

　自分ができるようになったのは、わからないときはちゃんと「わからない」と言えるようになったこと。それにはみんながいたから、みんなのおかげで気楽に言えるようになった。自分がレベルアップしたのは算数。前からないと得意だったけど、もっと得意になったり、他の教科も得意になった。好きとはいえないけど。

→ つづき

Point !

魅力的な本との出会いは、人生の宝物。本を薦めてくれた先生への感謝も忘れません。

Point !

友達をお手本として行動を改善する。ピアエデュケーションな関係です。

成長の振り返りが次の成長につながる

　まゆみさんは、この1年間で自分の成長をたくさん実感しています。

　読書ではミヒャエル・エンデの『モモ』と出会い、自分の世界をより広げました。対人関係では友達をお手本にして、人と公平に接するよう心がけています。授業では、「わからない」と言えるようになり、得意な教科が増えました。また、友達と学び合う中で、協力することへの自信も生まれています。

　こうして自分の成長を振り返ることで、伸びを実感します。自信がもてるようになると同時に、これからもきっと成長していけるという前向きな気持ちになります。その気持ちが、次のチャレンジへとつながっていきます。

　1年を振り返り、改めて言葉にして書き記すことで、成長の記録としての振り返りジャーナルが完成します。それは、次の成長への道しるべとなるのです。

> イワセンへ
> つづき！
>
> 算数のエピソードというとね、5年生のときにBちゃんとやっていて、いい感じになっていたら、6年生の時もいっしょのクラスになったから、6年生でも一緒にやるようになった。5年生の時、Bちゃんとやり始めたのかわからないけど、算数ですごく仲良くなった。それで教えるとちゃんと聞いてくれているって感じで、あいづちなどをやってくれるから自分でも教えるのがやりやすかった。しかも、教えられる側は点数が上がるけど、教える側も点数が上がるからすごい！今では、人間関係も広げて、Bちゃんも自分もほかの人とやっているから、「ほかの人ともできる」という自信もついた。
>
> 平均点で、みんながそれにたどりつこうという思いがすごく強くて、目標平均点に行ったときの達成感がすごいうれしい。たまには目標に行かないときもあるけど、その失敗こそ次に生かせるから、平均点のチャレンジはすごくいいと思う。Bちゃんに「100点とれたらいいね！」って言ってたけど、まとめテストで100点とれてすごくうれしかった！次はふつうのテストで100点、とってほしいなって思う。

Point！
教え合いによって、誰かと一緒に何かに取り組むことへの自信をつけました。

Point！
他の人の成長を喜ぶ気持ちも育っています。

苦手なことを克服した経験

誰しも苦手なことはあるものですが、苦手なことを克服する経験は大きな自信につながります。1年間の振り返りにおいても、特に大きな成長が実感できます。

このジャーナルの背景

みゅうさんは、大勢の人の前で何かをすることに対して、消極的でした。しかし、コンサートで鍵盤のソロに立候補したことで、自分の変化を実感します。この振り返りジャーナルで、みゅうさんはそのときの思い出を語っています。

みゅうさん
6年生

No.

Date

イワセンへ

1年間を 振り返って。

わたしの 一歩前の チャレンジは、コンサートでの 鍵盤ソロの 立候補です。5年生までのわたしは、立候補や人前に出るのは関係のないことでした。でも鍵盤のソロの立候補の話を聴いて、めずらしくやってみたいと思いました。

だけどやっぱり不安だったので、　　といっしょにやりました。本番では心臓もドキドキしました。練習ではぎこちなかったけど、本番では音がなめらかになり、なんとか成功しました。終わったときは、足がガクガク。でもこの後、わたしはサークルでの発言や授業での発言が少しだけ増えたような気がします。

「一歩前へ」は、5年生までのわたしとは、絶対に縁のない言葉でした。でも、あるきっかけで、わたしとこの言葉はつながりました。市内コンサートの鍵盤ソロ。やる人がいなかったので、やってみようかな〜と思ったのです。

1人でやるのは不安だったので、　　を誘ってやることにしました。練習でも緊張して、うまくできなかったりしました。当日はドキドキする胸を押さえて、ソロをやりました。ちょっと失敗したけど、　　がカバーしてくれたので、成功しました。

そして、コンサートは大成功して、とてもよかったです。

Point！

立候補や人前に出ることを「関係ないこと」と思っていたと書かれています。

Point！

コンサートでのソロの経験により、普段の自分の姿勢にも変化が表れたことへの気づきが書かれています。

「一歩前へ！」を意識して、大舞台を経験

　クラスのみんなと真剣に目指すクラス目標。これがあるから、クラスはひとつのコミュニティとして成長します。この年のクラス目標のひとつに「一歩前へ！」がありました。みんなで１年かけて、「一歩前へ！」のチャレンジを続けます。

　このジャーナルを書いたみゅうさんは、「５年生までのわたしは、立候補や人前に出るのは関係のないことでした」と振り返っています。

　しかし６年生になり、「一歩前へ！」に背中を押されて、コンサートでの鍵盤ソロ募集に、勇気を出して応募。「ドキドキする胸を押さえて」チャレンジし、「なんとか成功」しました。

　この体験を経て、みゅうさんはクラスでの発言が増えたと自分を分析しています。授業での発言や修学旅行でのバスレク担当への立候補など、積極的に前に出るようになりました。そして、自分の変化は「このクラスのみんなのおかげです」と感謝の気持ちで結んでいます。

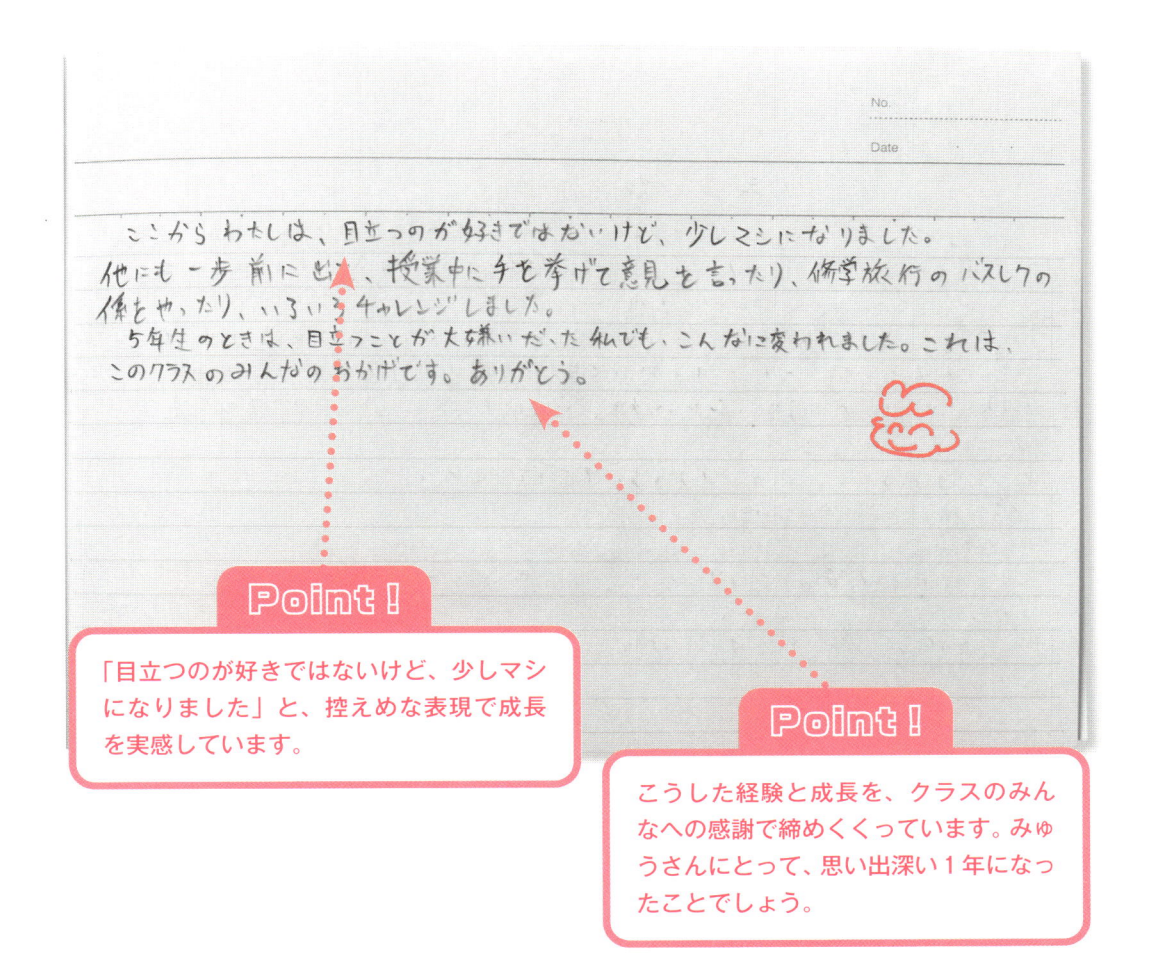

Point !

「目立つのが好きではないけど、少しマシになりました」と、控えめな表現で成長を実感しています。

Point !

こうした経験と成長を、クラスのみんなへの感謝で締めくくっています。みゅうさんにとって、思い出深い１年になったことでしょう。

発展的な振り返りジャーナル④

困難を乗り越えた経験を成長に

1年間を振り返ると、さまざまなことが思い出されます。特に困難を乗り越えた経験は、大切な思い出。振り返り、記録しておくことで、将来、新たな困難に直面したとき、乗り越える力になります。

このジャーナルの背景

さきさんは、縦割り班のクラスリーダーとして、スクールフェスタの準備などに取り組みました。縦割り班の中で最上級生のリーダーとして、大きな責任が伴う仕事です。この困難な仕事を乗り越えた経験を振り返っています。

さきさん
6年生

No.
Date

イワセンへ

1年間を振り返って

みなさんは、何かのリーダーになったことがありますか？ 私は今年、縦割り班のクラスリーダーになりました。化の学年の人たちの前に出て話したりするのが苦手だった私にとって、それは大きな「挑戦」でした。

本当は、やりたくありませんでした。今まで、うまくいっているのを見たことがなかったからです。スクールフェスタの準備、まずはお店決めです。これも毎年、6年生が苦労しています。私はこの時、岩瀬先生に言われたアドバイスを早速使ってみることにしました。

「どんなお店やりたい？ ちょっと2〜3人で話してみて〜」

するとみんな、話し合い始めます。

これで一安心です。そしてその後、私はおどろくことになります。

去年までの経験で、2個か3個しか意見が出ないと思っていました。

でも、それは違ったのです。

第1希望から第3希望までを決めるのも、すぐにみんなが納得してくれました。

Point！

縦割りクラスのリーダーが、さきさんにとって大きな「挑戦」だったことが書かれています。

Point！

クラスで培った対話の技術を生かし、見事縦割り活動を成功に導きました。

リーダーとしての務めを果たす中で人とのつながりを学ぶ

高学年になると、子どもたちはさまざまな場面でリーダーとしての役割を担うことになります。さきさんが経験した縦割り班のクラスリーダーは、下級生も参加する縦割り活動の中でリーダーシップをとる役割。人間関係のできあがった同学年の友達だけでなく、下級生たちもまとめていかなくてはならない難しい役目です。

さきさん自身、これまで下級生としてこの活動に参加してきて、その難しさをよくわかっています。振り返りジャーナルにも「本当はやりたくありませんでした」と、そのときの気持ちが書かれています。

しかし、さきさんはこの1年間、最高学年としての力を身につけてきました。普段の授業で経験している対話の技術を活用し、見事に異学年の子どもたちをまとめることに成功。

これがさきさんにとって、大きな成長のきっかけになったと振り返っています。自分の力に自信がつくと同時に、人を信頼して対話することの大切さを実感しています。

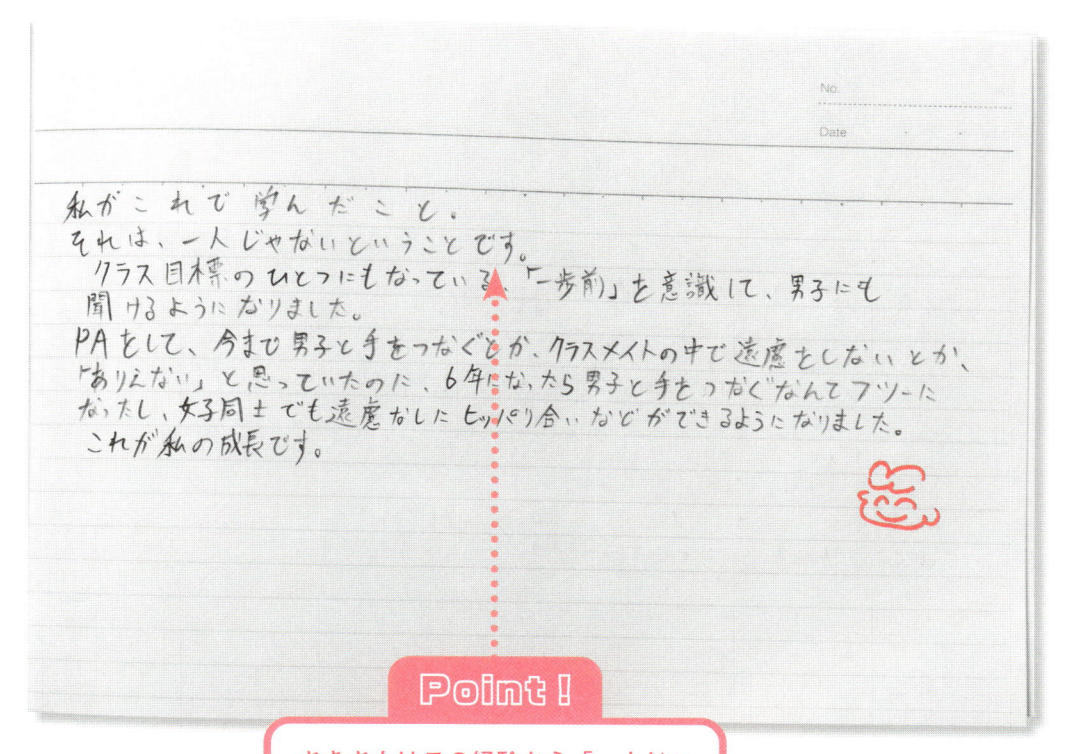

Point !

さきさんはこの経験から「一人じゃないこと」を学んだと言います。人を信頼し、協力して取り組む力が大きく成長しました。

発展的な振り返りジャーナル⑤

物語風の振り返りジャーナル

子どもたちが振り返りジャーナルを書くことに慣れてくると、振り返りジャーナルと国語の授業がマッチングするという素敵な挑戦もできます。そのひとつが、「物語風の振り返りジャーナル」です。実際のジャーナルとともに、その取り組み方を紹介します。

このジャーナルの背景

クラスのみんなが振り返りジャーナルを書くことに慣れて、振り返りが習慣化してきた頃、「今日の算数を、自分を登場人物にして物語風に振り返ってみよう」とテーマを出しました。これに対し、つるさんは自分を登場人物に、物語風のジャーナルを書きました。

つるさん
6年生

Date

よしみと風花

キーンコーンカーンコーン
チャイムが鳴った。よしみは風花の席へ行き勉強を始めた。よしみ、風花、つるちゃん、りかで学び合っている。「つるちゃん、ここは工夫してやった方が効率がいいよね！」よしみはいった。「そうだね！」つるちゃんは優しく教えてくれた。「こうリっ、てなに？わかる？りか」風花は笑いながら言った。りかも笑いながら首をかしげた。風花は仕上げの問題を家でやってきていて、わからないところをよしみに聞いた。風花はわかった振りをして通り過ぎていくところだった。から、
「風花、説明してみて。」

Point！

三人称の小説のように、自分のことを客観的に捉える視点で書かれています。

Point！

印象的なセリフや状況の描写が入り、友達のことをよく見ていることがわかります。

楽しみながら書く自分たちの物語

国語の授業で学んだ物語。日頃の読書の習慣も積み重なってきたら、振り返りジャーナルを物語風に書いてみましょう。

特に、高学年で取り組みたい上級編のテーマです。

ポイントは、学校行事などのイベントではなく、何気ない日常の授業のシーンを対象にすること。自分たちの日常を、新たな視点から振り返るきっかけになります。日々の授業の中にも、心が動くシーンがあり、そうした一つひとつをまるで作家の気分で一歩引いたところから書き綴ります。

ただし、物語を書くためには少し時間が必要。これは、授業のあとに10分間、時間をとって書いたものです。

ここまで書けるようになると、振り返りジャーナルはかなりいろいろと試せる、自由な活動になります。子どもたちの可能性に広がりを感じる活動になるでしょう。

Date ・ ・

> よしみはきびしく言った。
> 「えっとねー、ここはこうだからー・・・」
> 風花の説明は意味不明。
> 「わかってない！」よしみが言うと、風花が、
> 「先生ーわからなーい」岩瀬先生が教えていると、フるちゃんも一緒に教えている。ようやく風花もわかったようだ。
> 風花がぼーっとしていたので、「ハイクラスやろう」とよしみは声をかけた。やっとの事で1問解いた。2問目もなんとかがんばって解いた。風花はイワセンに自慢げに言う。「ねえ、解けたよー！」イワセンも、「力がついたねー！」と風花をほめる。

（朱書き：ヤル気！）

Point！
十分に理解できていないポイントを友達が厳しく指摘する場面が、物語の山場として描かれています。実際の出来事を物語風に落とし込む構成力が光ります。

Point！
友達と一緒に、難問を解くことができた嬉しさが素直に表現されています。

全員で書くことで物語が折り重なって現れる

　物語風の振り返りジャーナルの魅力的なポイントは、同じ1時間の授業でも、全員で書くと、さまざまな物語が生まれることです。同じ授業を受けているはずなのに、一人ひとりが違った物語を書きます。1時間の中に、こんなにもたくさんの物語が生まれているんだと、先生も驚きます。そして、全員のジャーナルを読んだときに気づくのは、それぞれの物語が微妙に重なりながら、全体でクラスの1時間ができあがっていること。同じ出来事を書いているのに、視点が違うとまったく違うように見え、クラスの様子が立体的になります。また、「あのとき、この子はこう感じていたのか！」と、別の物語を補完するようなスピンオフ編も登場します。「子どもが書く授業記録」の可能性が見えてくる実践です。当事者だからこそ描けること、語れることがある。学習者中心の学びにおける授業記録に関心がある方はぜひ試してみてください。

　物語風のジャーナルに取り組むと、何気ない1時間の授業が輝いて見えます。振り返りジャーナルの発展的な内容として、ぜひ取り組んでみてください。

Date

> よしみは思った。成長したなー。風花がもっと力を伸ばしていけるのが楽しみだなー。
> よしみは風花にすごく力がついたことをすごくうれしいと思う。
> 　よーし、もう1問！
> 風花は自分の力で9問目を一生けん命解いていた。そんな風花の一生けん命の顔はとてもかっこよかった。風花が解れたときのうれしそうな顔を見て、よしみもすごくうれしくなった。

つるちゃんありがとう！
よしみと風花のこれからに
期待してます。

Point！
「風花がもっと力を伸ばしていけるのが楽しみだな」と、友達の成長を喜ぶ気持ちが表れています。

Point！
登場人物の成長を喜ぶ先生からのコメントで、友達の成長を喜ぶ気持ちに寄り添います。

特別章

振り返りジャーナルを
めぐって

ここまで、小学校での振り返りジャーナルの実践を紹介してきました。しかし、中学校以降も振り返りジャーナルは、もちろん有効です。また、GIGA スクール構想の下で整備された1人1台端末と振り返りジャーナル、子どもの頃に取り組んだ先生・実践者の声など、振り返りジャーナルをめぐるアレコレをお届けします。

中学生も振り返りジャーナル

　振り返りジャーナルは、小学校での実践がスタートでした。しかし中学生にこそ振り返りジャーナルは大切です。中学生は、思春期に入っていく時期であり、自分の思考や感情を客観的に振り返る力、つまりメタ認知の力が大きく伸びていきます。また、自分の経験を振り返ったり、分析したりしながら自分自身を理解しようとする自己認識が高まる頃なのです。振り返りを通じて、自己概念（自分とは何者であるか）を形成していくこの時期だからこそ、振り返りジャーナルを届けたい、そう思います。

中学生で振り返りジャーナルを始めてみた

　私（岩瀬）は2020年に開校した幼小中一貫校、軽井沢風越学園で校長をしています。2022年のある日、９年生の一人が「ホームなんとかしたいんだよね」と相談に来ました。ホームとは、毎朝集まる、１〜４年生、５年生〜中学３年生の25人くらいの異年齢のコミュニティ（「毎日集まる縦割り班」をイメージしてください）のことです。

　中３の人たちは、ホームがなかなか居心地のよいコミュニティにならないことで困っていたようです。９年生のノイくんが私に相談に来ました。

　「ゴリさん（子どもにそう呼ばれています）、ホームなんとかしたいんだよね。」

　二人で話しているうちに、ホームを運営するファシリテーターのためのお稽古をしようという話に。ノイくんには、

　「仲間を３人集めておいでよ。お稽古は人数いたほうが効果的だし、仲間がいたら悩みも相談できるでしょ」と伝えたところ、その日のうちに５人集めてきました。

　そこから週１回。90分の「ファシリテーター・トレーニング」、通称ファシトレの授業が始まったのです。

　続けるうちに興味をもって参画する子どもたちは30名以上に。信頼ベースの学級ファシリテーションの実践で培ってきたことも活かしながら、「子ども自身がファシリテーターになる」ための授業です。実際の困りごとや「こうしたい」という願いを取り扱いながら、お稽古を一緒にして、実際の場面で試してみて振り返る、というサイクルを回していきました。

　週１回の授業なので、週に１度しか会えません。その限られた条件の中、一人ひとりとのチャンネルをつくりたい、一人ひとりの学びや気づきを知りながら、授業を改善していきたい。そんな気持ちから、毎回授業が終わるたびに、振り返りジャーナルを書くことにしてみたのです。

※授業の様子はこちら

中学生の振り返りがすごい！

　振り返りジャーナルを始めてみて、すぐにわかりました。中学生はすごい！と。

　これまで小学生の振り返りジャーナルしか知らなかった私にとっては驚きでした。自分にオープンクエスチョンをしながら、学びや気づきを深めていきます。「ああ、中学生の時期こそ振り返りジャーナルが必要なんだ」と思い知らされました。

　また、ジャーナルがあることで、校舎の中で会ったときに、「ジャーナル読んだよー！人柄ってファシリテーションに影響するって書いていたけど、ぼくもほんとそうだなぁと思ったよ。なんでそう感じたの？」などとおしゃべりするきっかけにもなり、一人ひとりの子どもと関係を深めていくチャンネルにもなりました。

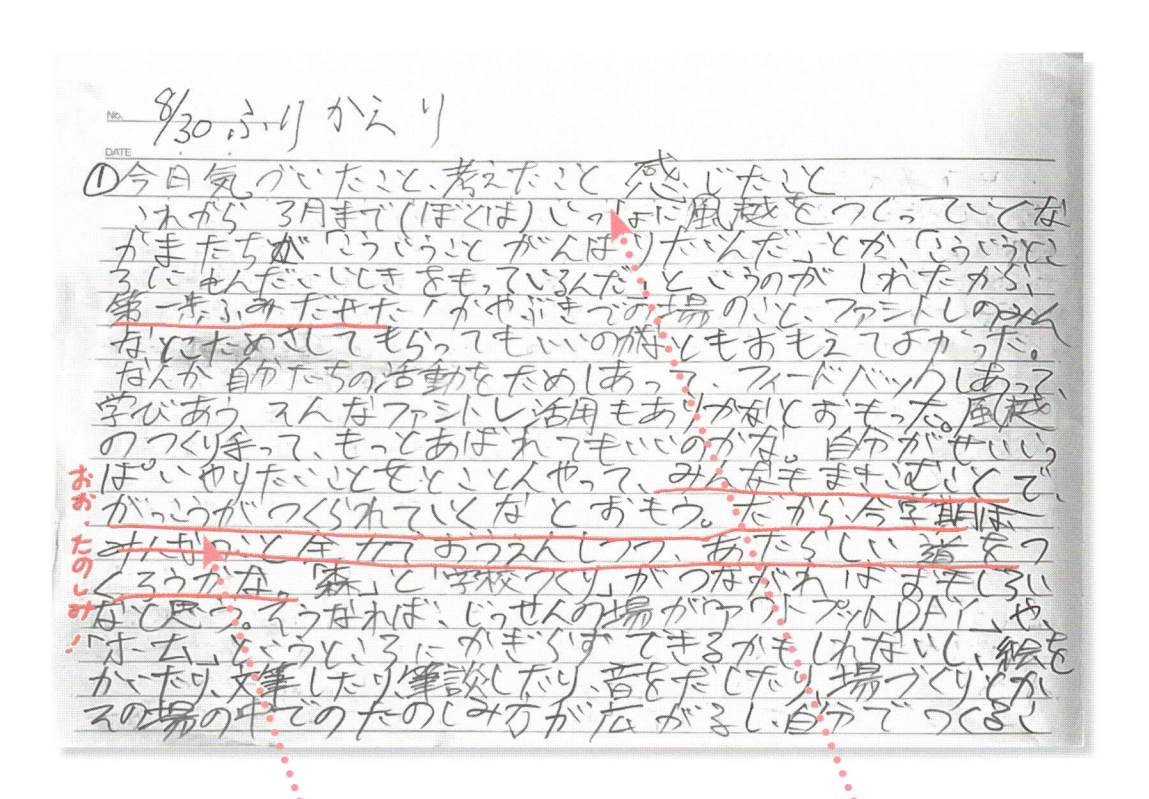

Point！
中学生の自分も学校の創り手のひとり。その自覚と覚悟が「振り返りのモチベーション」になっていることが、伝わってきます。

Point！
振り返りの際に複数の問いを設定して深めやすくしています。

（手書きの振り返りジャーナル）

Point！

思春期まっただ中。中学生はその振る舞いが注意指導の対象になりがちですが、実はたくさん感じ、考えているのだと教えられます。

振り返りこそ学び

　子どもたちに伝え続け、毎回授業をしては振り返って学びや気づきを深めていく。そのサイクルの中で自分の変化を感じ、ホームがいい感じに変化していくことに手応えを感じた人たちは、「アウトプットデイ」の企画などの学校づくりに参画し始めました。それは、振り返りジャーナルの言葉で、一人ひとりの成長を感じながらの日々でした。

　そのうちのひとつが、「長野県の県民意見交換会をファシリテートする」という機会でした。「信州学び円卓会議」という長野県の子どもたちに最適な学びのあり方について検討し、関係するさまざまな主体の取り組みや県民全体の機運醸成を目的とした県の事業がありました。その中の対話の場「県民意見交換会」の企画・運営を、5〜9年生のファシトレの有志17名で行うことになりました。これまで通例的に大人主導だった場を、完全に子ども主導でやりきった画期的な場でした。

　そのときそのときの学びや成長をジャーナルに書き留めておく。それは、一人ひとりの学びのポートフォリオにもなっていきます。次ページの写真のような「学びの記録」が溜まっていったのでした。

※「アウトプットデイ」の様子はこちら

※「県民意見交換会」の様子はこちら

《 学んだこと、気づいたこと、感じたこと 》

初めて 9年生のいないファシリテ。正直最初は、ちゃん
と進むか心配だった。でも、9年生がいないか、
8年の意識が高まって、みんな参加しようと
したり、場を盛り上げようとしたり、7年生達の
お手本になろうとしたり、全体的にまとまっていた
気がした。たまには、9年生なしでチャレンジするの
も良さそう！
　　　　たしかに！！ まとまっていたね！

《 どんなファシリテーターを目指したい？？ 》

みんなが意見を言いやすい場。しーん。と場が
しずまらない場。みたいな場作りができるファシリに
なりたい。！ ゴリさんみたいに みんなが楽しめる
時間を作りたいけど 難しそう…。
私は、小さいグループに分かれた時に少しまとめ
れるから、小さな輪になった時 積極的に自分
から話したい！

《 ホームで何にチャレンジしたい？ 》

今、正直 ホームが私にとって心地良い所になって
いないから、自分も話して 自分にとって 心地良い
空間を自分でも作っていきたい！

《 ご自由に！ 》

前回、8年生のLGの時間の時 けっこうもり上がって
楽しかった！ ゲーチョキパーゲンが盛り上がってたから
またやりたい！ でもやっぱり男女の力の差で
ちょっとハプニングが何回かおきたから、そこをうまくルールに
取り入れて、工夫してみたい！
　　　いいね！

Point！

「ホームが心地良い場所になって
いない」には、直接話して一緒に
考えます。ジャーナルにはチャレ
ンジの応援を可視化します。

Point！

その日に起こったことの振り返りから、ファシリテーター
としての自分のチャレンジを素直に伝えてくれています。

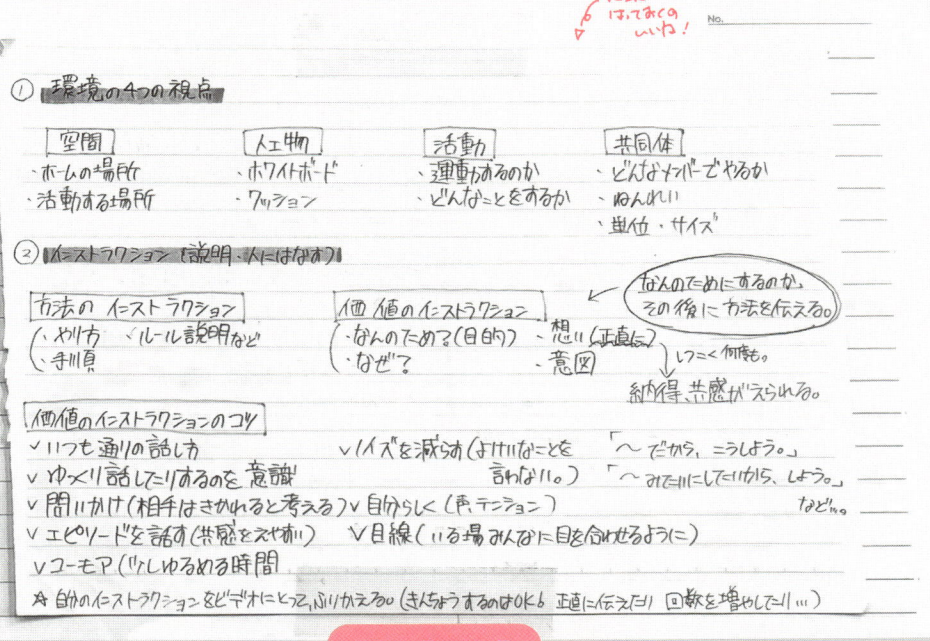

記録を
はっておくの
いいね！

① 環境の4つの視点

空間	人工物	活動	共同体
・ホームの場所 ・活動する場所	・ホワイトボード ・クッション	・運動があるのか ・どんなことをするか	・どんなメンバーでやるか ・ねんれい ・単位・サイズ

② インストラクション（説明・人にはなす）

方法の インストラクション	価値の インストラクション
・やり方　・ルール説明など ・手順	・なんのため？（目的） ・なぜ？

想い（正直に）・・・意図

なんのためにするのか、
その後に方法を伝える。

いつく 何度も。
納得、共感がえられる。

価値のインストラクションのコツ

✓いつも通りの話し方　　　　✓バイアスを減らす（よけいなことを　「〜だから、こうしよう。」
✓ゆっくり話したりするのを意識　　　言わない。）　　　「〜みたいにしていくから、しよう。」
✓問いかけ（相手はきかれると考える）✓自分らしく（声、テンション）　　　　　　など…。
✓エピソードを話す（共感をさそう）　✓目線（いる場みんなに目を合わせるように）
✓ユーモア（少しゆるめる時間
★自分のインストラクションをビデオにとって、ふりかえる。（きんちょうするのはOK。正直に伝えたり 回数を増やしていい…）

Point！

ゴリさんのレクチャーのメモを貼り付けています。いつでもパラパラと
見返せて、日々の振り返りの視点にも活用できます。学びの記録として
学びの内容（コンテンツ）と振り返り（プロセス）の両方が蓄積されます。

No.
DATE 9・27.(水)　　　　　ファシトレ

②今日のチームはどうだった？
アウトプットDAYのフリータイムは時間も長く、どうみんなに手渡せばいいのかイメージがつかなかったので、フリータイムをなくし、お昼休みにいろんな人と関われる時間を作ることにした。場が良かったのもあるし自分自身がアウトプットDAY実行委員の一人一人と仲が深まってきてる（と思ってる）のもあると思うけど、すごく自分の考えを話しやすかった。
昼休みの時間どう上手く使っていくか、どうすれば「ビーン！とつくろう！さがそう！」ができるか、お互いの意見を出し合って、最終的にはお昼休みのイメージがみんなでできている（イメージがイメている）形になれたかなって感じ。準備期間も短いし今からいろいろ計画し始めてるといくつか準備不足で欠けちゃう部分が出てくると思うけど、そういう時に「考える流れやイメージはみんな一緒だから、頼りたいときに安心してまかせられる」っていう感じにてれると最高。まだもう少しMTGしないと思ってたのと違う…？ってなっちゃいそうな気もするから、そこは企画することも含めてちゃんとイメージを作っていきたい。

①今日の自分はどうだった？
とにかく意見を言いたいときは言うってのができて良かった。もちろん自分のアイデアや意見が全てとおるってわけではないけど、周りの人たちが自分の意見を考えも大事に受け取ってくれてるってのが伝わってきて、安心した。自分自身も相手の話や意見を大事に受け取めよう、って気持ちでMTGできたから、気分も良かったし内容も進むでいい感じで嬉しい。多人数いる場でやると少し考えたいって沈黙になる時間もそれほど気まずく感じないっていうか、無駄に緊張しない感じが居心地良かった。自分もその場を作っている、っていう意識が自然とあったのかもしれないなって思う。　　　　　いいね！

Point！

チームは先生主導ではなく、自分たちの手でつくっていく。そのための今日のチーム状態をアセスメントして伝えてくれています。

No.
DATE

③残り4日の私のチャレンジは？
ToDoにはまだ時間のかかりそうなものというか、大事に考えていきたい内容もあって間に合うか不安なところはあるけど、当日までできる限り全力でやりきりたい!!
実はアウトプットDAYのパンフレット担当が私、　　　　で明後日〆切なんだけど、　　　と　　　が田んぼに行ってしまう。　　　も田んぼ行くし　　ちゃんは熱出して休むし明日の子ども実行委員ろんし私、　　　ちゃん、　　しかないと思うんだよね。本当にどうしよう…。
パンフレットはまだしっかり話し合えてないから勝手に作るのもなぁ…。
でもとにかく進める!! 他にもサポートしてくれる人はたくさんいるから、一人で考えずにみんなで、当日まで作りあげていきたいと思う。　　　　応援！

④ご自由に！
＜お昼休みの時間　場所グラウンド＞
・ゆったりお話する時間、いろんな人（地域の人、保護者、生徒）とまざって話す、話すだけじゃなくいろんなブース的なものがあるといい感じる
・フリーステージ ・ちゃんばらコーナー ・バレーボールコーナー みたいな。グラウンドでわいわい、他の人たちの関わりが視界に入るようなかんじの場

Point！

ご自由に！には、自分のアイデアの提案も。「他の人たちの関わりが視界に入るようなかんじの場」はファシリテーターとして抜群！

刺激を受ける小学生

中学生の振り返りジャーナルは、一緒に授業に参加していた小学生の刺激にもなりました。「読ませてー！こんなに書くんだ！すごい」という憧れの気持ちは、「自分ももっとできるかもしれない」という自分の可能性への期待にもつながります。刺激を受けた小学生の振り返りも質量共に高まっていきました。

Point！

アウトプット Day のオープニング。うまくいったことも、そうでなかったことも、その両方を振り返って次に活かしたい気持ちが溢れています。

Point！

悔いなく終われたアウトプット Day、最高のオープニング。「大人になってからもつかえると思う」という学びなど。この日のこのときの気づきと学びが記録されます。

中学生で振り返りジャーナルをするとき

　中学生での振り返りジャーナルでは、特にフィードバックに気をつけたいです。中学生は多感な時期、評価の視線に敏感です。フィードバックに評価のニュアンスが入らないよう、この本に書かれている原則に沿っていくことが大切です。

　またこの事例のような、「ひとつの教科や授業における振り返りジャーナル」の実践では、プロセスの振り返りと共に、学びの内容や気づき（コンテンツの振り返り）を記録するのもいいでしょう。

　「教科の授業における振り返りジャーナル」という可能性が広がります。もう少し踏み込んでいうならば、振り返りジャーナルは子どもとパートナーシップを結ぶツールになり得ます。

　授業へのフィードバック、授業の改善点をきく。それによって先生自身の授業やあり方を変えていく。そのようなやりとりが重ねられる中で、新たな信頼関係が育まれますし、何より「一緒に授業や学校をつくる」というマインドが育っていくのではないでしょうか。

　子どもと大人がどのようなコミュニケーションを積み重ねていくのか。探究は続きます。

ノートに鉛筆 or デジタルデバイスにタイピング？
振り返りジャーナルのカタチ

　教室の日常となったデバイスを活用した授業。パソコン、タブレットなど形状はさまざまですが、子どもたちの日々の学習の成果や活動のプロセスをデータとして蓄積することが浸透し、「ドキュメントや表計算シートで振り返りジャーナルに取り組んでいます」という発信を SNS などでチラホラと見かけるようになりました。こうした教室の変化、変容をどう考えるのか。振り返りジャーナルは、なぜ、ノートなのか。著者の二人で改めて対話してみました。皆さんと一緒に少し、立ち止まって考えてみたいと思います。

温かいコミュニケーションの創出

岩瀬　風越学園でも Google Classroom を活用して「振り返り」をする人はいます。でも、ぼくは、特に小学生のうちは「振り返りジャーナルは、あえてノートであることの価値」にこだわってみたいと考えています。その理由はいくつかあります。例えば、振り返りジャーナルは提出のときに、先生に直接、届けてハイタッチをして下校することが基本フォーマットです。先生が全員の子どもと「ちょっとコミュニケーションする」タイミングを創出する。これが今の教室では特に大切だなと思っています。すごく短い。ほんの一瞬だけど「ありがとう」「お疲れさま」と言葉をかわし、ハイタッチして「また明日ね」と挨拶をする。こうした先生と子どもの関係づくりが短時間でもある必要性は、高まっていると考えています。

ちょん　そうですね。教室で「じゃあ、となりの人とやさしくハイタッチしてください」と呼びかけると、子どもたちは嬉しそうに、楽しそうに、懐かしそうに、はにかんだりしながらハイタッチをしています。振り返りジャーナルを渡す、受け取るときのあの温かい身体接触と face to face のコミュニケーションは、子どもと先生がお互いを静かにエンパワーしあう瞬間だなと思います。もちろん、ハイタッチにはさまざまなバリエーション[10]があっていい。温かいコミュニケーションの継続が教室の習慣になるといいですよね。

※10　岩瀬直樹・ちょんせいこ『信頼ベースのクラスをつくる　よくわかる学級ファシリテーション③授業編』解放出版社、127ページ、「ハイタッチバリエーション」を参照のこと。

ノートの身体性と質感

岩瀬　それ以外にも、自分が書き溜めてきた日々の記録をパラパラとめくりながら読んでみるときの質感やノートへの愛着。そんな身体的な感覚を味わうプロセスは、振り返りジャーナルをノートで取り組む理由のひとつだと考えています。パッと見て「1学期に比べると書く分量が増えた」とか「あのとき、こんな気づきがあった」などノートをパラパラとめくることで自分の成長を感じられる。そのアクセスのしやすさは、デジタルよりアナログのノートのほうがいい。「あ、今だ」と思った瞬間にノートをサッと出してサクっと書いて振り返るなんてことが、できるといい。もちろん、書字に課題のある子はデバイスを使えるといいですよね。

ちょん　はい。大人の私たちも原稿執筆はパソコンが基本です。この本も「手書きで2万文字、書いてください」と編集者に指示されたら、その分量に絶望的な気持ちになります。構成を吟味し、推敲する時間も膨大に増えます。一方で、最近はチョットしたメモはスマホアプリに入力や録音することが日常化しています。もちろん、手書きの付箋や手帳も使いますが、アナログかデジタルかの選択は個人に任されています。

　振り返りジャーナルは長文でも、数行程度のメモでもない。その日の問い（テーマ）について半分サイズのノート1ページを基本に書き溜めていくことで、書いた分量や内容がすぐに概観でき、履歴にもアクセスしやすい。その操作性や便利さが、子どもたちの振り返りを促進し、その質の高まりと一体化していくように感じています。また、文字の様子も子どもたちのコンディションを教えてくれますよね。

岩瀬　確かに、確かに。振り返りジャーナルは推敲しなくてもいい。その日の素直な気持ちをそのまま言葉にして文字にする。だから消しゴムでゴシゴシ消しながら直感的に書くことを大事にしたい。ノートをめくる、書く、渡す。ジャーナルを媒介におしゃべりする。そういった質感を伴うやりとりは、デバイスによる授業が進んで、文字を書く機会が減っていこうとする現在、ぼくたちが思っている以上に大事になってきているのではないかと思います。身体を介すやりとり。普通に暮らしていると文字を書く場面は減っていて、授業を受けている子どもたちも鉛筆で書くことへの抵抗感が強くなっていると感じます。書くのって入力よりも時間がかかりますしね。でも、デバイスだとメールや通知がきて集中しづらくて、動画やゲームにも逃げやすくて気が散ってしまうのは、大人と同じ。ノートだと振り返りをグーっと深めるのに集中しやすい環境がつくりやすいという側面があると子どもたちを見ていて思います。

　風越学園では、「ファシリテーター・トレーニング」の授業で振り返りジャーナルを書いていますが、子どもたちはメモのように記録して、持ち歩いて、それをいつでも参照できるようにしています。手軽に振り返りやすい。デバイス入力は今後、ますます、増えていくでしょうから、パラパラと見返すノートの便利さや紙の操作性をどこかで経験できるといいですね。2分の1サイズのノートというのは、1日を振り返るのに本当に使い勝手がいいです。

デジタルとアナログのチャンネル選択

ちょん とすると、振り返りジャーナルは絶対にノートではないといけない？

岩瀬 もちろん絶対というわけではない。どちらを選んでもいい。でも、だからといって安易に「タブレットにしましょう」とも思わない。デバイスとノート。比較してみると子どもの振り返りにどのような作用があるかなということを、探究して、振り返ってもらえるといい。いろんな可能性が開かれているから、「ぜひ、探究してみてください」と伝えたいですね。

ちょん はい。先生や子どもたちと一緒に探究していきたいですね。この本でも少し、紹介した「ホワイトボード・ミーティング®」は、2020年4月にデジタル入力版をスタートしました。コロナで集まれない、でも、会議や話し合いは「今こそ必要」。そこでスライドシートなどをホワイトボードに見立てて話し合う会議ファシリテーションを、5年間、続けてきました。その中でわかってきたことは、みんなでホワイトボードを囲んで、体と心を開いて、前にあるホワイトボードを一緒に見て、指差しながら話し合うスタイルが議論を促進するときと、それぞれにデバイスを見つめてホワイトボードやドキュメントに入力しながら話し合うほうが議論を促進するときがあるということです。テーマ（問い）や会議の目的、環境によって、両方のチャンネルをもち、選択しています。例えば、被災して電気や電波状況が悪い緊急時は、段ボールを破ってその裏に書きながらでも話し合うことが求められます。膨大な情報処理はデジタルが不可欠。その両方が求められていますから、選択できるようにしておきたいですね。

振り返りと評価について

岩瀬 そうですね。子どもたちも振り返りのスキルを身につけていくことが、振り返りジャーナルの大きな目的のひとつです。でも、一方で探究の学びが全国的に広がっていく中で危惧しているのは、振り返りも探究のサイクルに組み込まれ、評価の対象になったことです。京都大学の西岡加名恵さんは「自らの学習を調整しようという側面を見るために振り返りを書かせて、それを成績付けの資料とする形の実践も広がっている。振り返りを成績付けに使えば、子どもたちは教師に気に入られるような振り返りを書こうとするので、正直な振り返りができないし、先生方も振り返りの算定に追われて多忙化する。実際に、この観点の評価に学校の先生方は悩んでいる」と懸念を示されています[11]。

　ぼくは、振り返りジャーナルの中では、子どもたちは評価から解放されて自由でいてほしいと考えています。何を書いても OK。グジャグジャグジャグジャとマルをいっぱ

[11] 「評価の観点は統合を　文科省の検討会で西岡京大教授が提案」『教育新聞』2024年4月26日付（https://www.kyobun.co.jp/article/2024042603?fbclid=IwZXh0bgNhZW0CMTEAAR2c-cGH1u00_TFgMVVd-wdrm1iaWEuDebWXPCanBeOfHNk7ea_CWjJalAw_aem_ARudsbTCpwXGodm0WjNi_htfBnwhvVQqsgkbAJMZiEG84uPBW450ly3-bZdP9tyK0ZFE36PdKMsmy-uEqa2VYpfq）

い書いたとしても、その気持ちが表現できる場所があることはとても大事で、それは評価する、されるものではない。振り返りが評価の対象になると、「先生が求めるように書く」ように変質してしまうのではないかと危惧しています。評価の対象から外して、純粋に子どもたちが振り返れるようにしたい。先生と子どもがつながるチャンネルであることを大切にしたい。振り返りたいと思える、振り返ることに価値がある日常が不可欠だと思います。それは勉強でも遊びでもOK。自分の感情がドキドキワクワクする場面が学校の日常にあり、1日の終わりに改めて「なんでおもしろかったのかな」「悔しかった理由はなんだろう」「どうして感情が動いたのかな」と振り返ってみる。全身で遊んで、全身で学んで、没頭してそれを振り返る。みたいな、価値のある日常を紡ぎ出すことに生かされていくようにしたい。それがないと振り返りたくない、になっちゃいます。

ちょん　そうですね。振り返りジャーナルに花マルを付ける先生もいるのですが、評価しているというよりは「見ましたよ」のサインの代替になっているのかなと感じます。でもやっぱり、ノート1面の「でっかい花マル」があると、子どもが読み返すときに評価に見えるし、ノイズになってしまう。この本では先生が線を引いてひと言フィードバックを書く方法を推奨していますが、これが結構、難しい。自分が子どもだったら、どこに引いてもらったら嬉しいかな。エンパワーになるかなと思考を巡らす練習になっています。この子の今日のハイライトってどこ？　どこに価値を見つけて、どんなフィードバックをすれば気づきが促せるだろうと問いをもちながら読み、ハイライトを見つけて線を引いたり、わざとずらしてみたり。奥深いです。

岩瀬　子どもたちがフィードバックを読んだときに、先生の声が脳内再生されますよね。子どもの側に立って想像してみることは、とても大事な作業だと思います。一人ひとりの子どもが「先生が自分に関心をもっていてくれている」と実感できるチャンネルとして振り返りジャーナルが機能することや、先生はついつい学級を一人で「何とかしよう」と思いがちだけど、子どもたちの振り返りに学びながら、一緒に学級や学びをつくっていくときに、振り返りジャーナルは大きな役割を発揮します。「ファシリテーター・トレーニング」の授業では、中学生が振り返りジャーナルを活用しながら進めていますが、読んでいて本当に勉強になります。子どもってすごいなぁとつくづく思います。振り返りこそ、まさに学びの宝庫。それは、小学校の担任をしていたときも同じで「子どもには叶わないなぁ」と思うことが多々ありました。こうした振り返りの機能と役割を果たすときには、やっぱりノート半分サイズは便利だなぁと改めて思います。

振り返りジャーナルを権力構造の強化に使わない

ちょん　2017年に発行した初版本の読者が、こんなフィードバックをくださいました。

「僕は子供の頃に過剰に先生の視線を意識して先生ウケの良さを狙っていた「優等生」だっただけに、あの頃の自分が「振り返りジャーナル」を書かされていたらどうだったのだろうという思いを抱えながら読んでいた。下手をすると、「やらされ感のあ

る振り返り」になっていただろうし、ジャーナルでは先生の喜ぶ「ストーリー」の創作に余念がなかったはずだ。率直にいうと、「振り返る」こと自体の価値は認めても、「教室という権力空間で、教師が生徒に振り返りを書かせる」ことに対する懐疑が、おそらく自分の子供時代の経験からいつも僕にはつきまとっている。でも、臆病であり続けても仕方ないので、これは自分で経験しながら解を探していくしかないのだと思う。」

岩瀬　なるほどなぁ。クラスを統率するという感覚で学級経営をしている先生は、子どもたちも「先生が喜ぶことを書かなくちゃ」「先生の意見に逆らうことを書くと評価されない」みたいな心理が働いてしまうということですね。そういう意味では、振り返りジャーナルは「先生がファシリテーターでないとうまく機能しないツール」なのです。子どもたちの振り返りの内容を読んでみると、まるでリトマス紙のように統率的な先生かファシリテーター的な先生かが浮かびあがってくるのだろうと思います。もともと、振り返りジャーナルは、これ単体で完結するものでなく、ファシリテーターとしての先生と子どもたちによる学級づくり、授業づくりのひとつのチャンネルであり、日常の関係性を表出できる機能を備えたものとして捉えています。嫌なときは「嫌」と言えることが大事ですよね。

ちょん　先日、振り返りジャーナルに取り組んだばかりの教室を訪問しました。子どもたちがファシリテーターになって話し合い活動をする授業で、テーマは「今日の話し合い活動を振り返って」でした。そうすると「みんなでファシリテーターができてよかった」「友達の意見が聞けて考えが広がった」などと子どもたちが振り返りを書いている。確かに「正しい振り返り」の範疇の３行くらいの文章が並んでいました。振り返りとしてはまだまだ浅い。問いも抽象的で荒い。でも、最初はここからのスタートでいい。ずっとこんな感じだと先生も子どもたちも飽きていきます。振り返りのすごみを知っていくのは、もう少し、先のことになるでしょうし、このすごみは、経験しないと想像もできないものですし。

岩瀬　目の前にいるまったく書かなかった子がこんなことを書いてきた。こんなに深めている。分量も増えた。分量は増えなくても言葉の選び方が違ってきた。そういう子どもたちの変容や成長に、一度でも出会えていたら評価されなくても子どもたちが振り返りで伸びていく。もっと言えば、振り返りは評価をしないほうが子どもたちが伸びていくことがわかってくると思います。でも、そういう姿に出会うまでは、つい評価者になりがちで、敏感な子どもはフィードバックにあるように先生が喜ぶストーリーづくりに腐心したり、振り返りを自動的に書くみたいな現象＝思考停止が起こりますね。

ちょん　はい。子どもたちは本来、担任の先生を信じているし、シンプルに大好きです。先生が思っている以上に、子どもたちは先生に喜んでほしい、先生に褒められたいという気持ちをもっています。たとえ、振り返りジャーナルに子どもが「先生なんか嫌い」と書いたとしても、最初のうちは愛情確認行動であることが圧倒的に多いので、分析、翻訳して受け止めることが大事です。一方で、逆に先生の不安が強くなると先生が振り返りジャーナルを使って子どもたちに愛情確認行動をしてしまう現象もこの10年あまり

の間にいくつか見ました。例えば、「先生のことをどう思っていますか」「先生のことを評価してください」のような問いで振り返りを書く。そうなると子どもたちは、先生が喜ぶことを書こうとするし、もう少し強い言い方をすると、書かされてしまいます。先生もそれを読んで安心するという現象が起こります。もちろん正直にクレームを書く子もいますが、勇気がいりますよね。書かない選択をする子もいます。書かないという選択も大事だなと思います。

岩瀬　先生の承認欲求が強いと、振り返りジャーナルがさらにそこを強化するということですよね。例えばテーマを「今日の授業はどうでしたか」「今日の授業を評価してください」「どうすればもっと学びやすい授業になりますか？　フィードバックください」などという問いに変換できれば、子どもたちが自分を主語に振り返りやすい。子どもたちと意見を出し合って一緒に授業やクラスをつくっていける。問い（テーマ）は、本当に大切だと思います。振り返りジャーナルは、子どもたちとの日々のコミュニケーションのきっかけにすることが基本だから、ああ、先生も一緒に歩いてくれているんだなと子どもたちが実感できるスタンスがとても大事。だからこの本でも「うんうん」「そうなんだぁ」と共感のフィードバックを提案しているわけです。通常、振り返りは読み手は自分自身ですが、振り返りジャーナルは担任の先生という読み手がいることが大きな特徴だから、ご指摘にあったような「読み手の影響力が強い権力構造」には、自覚的でいたいですね。読み手としての自分を子どもたちが、どのように意識しているのか。意識しすぎるくらいでいいのかもしれません。

ちょん　否定的な内容やクリティカルな振り返りはむしろ歓迎されるべきで、そうした意見が思考や意見、対話を育ててくれます。だから、振り返りジャーナルは何を書いても大丈夫という安心、安全な場であることは、とても大事。そして、今日の現在地を確認しながら、明日、明後日と時間を積み重ねて一緒に変容、成長していけるといい。もちろん、私たちの日々は一進一退です。だからこそ問いの力は、本当に重要ですね。そして、その問いがやがて子どもたち自身から生まれてくる内発的な問いになっていきます。

岩瀬　自分の経験のどこにスポットライトを当てるのか？　という力を磨くことかなぁ。先生にスポットライトをあててしまうとジャーナルが権力構造を強化するために使われる＝先生に評価されるというマインドを強めかねない。そういう危険性があるということは、振り返りジャーナルに取り組む人は、知っておいたほうがいい。日々の関係が権力的に統率する人になってないか。先生の顔色を伺って子どもたちが動いてないか。ファシリテーターとしての大切な視点だなとフィードバックをいただいて、改めて思いました。

子どもの頃に取り組んだ先生の声
「振り返りジャーナル」を振り返る

インタビュイー　寺内友菜（埼玉県公立小学校教諭）
インタビュアー　ちょんせいこ

―当時の友菜さんにとって振り返りジャーナルは、どんなものでしたか。

　小学5年生と6年生の担任がイワセンでした。今、振り返って思うのは、「振り返りジャーナルは学校で過ごす自分の1日の様子や気持ちを何でも書ける場所だった」ということです。「今日はこういうことあったんだよ」「今、算数を頑張っている」。自分の今の気持ちを素直にイワセンに伝えられる大切な場所でした。

　クラスが対立していたときに、自分の考えを書いたことがありました。テーマはフリーだったと思うのですが、そのとき、イワセンが「友菜は、そんなふうに考えていたんだ。友菜は聞くことが上手なリーダーだよね」とフィードバックをくださったことを覚えています。私はどちらかというと先生に話しかけるタイプではありませんでした。前に出るのは好き。でも、まわりにどう思われるかを気にする子どもでした。でも、振り返りジャーナルがあったから、担任の先生に自分のことを伝えることができました。

―特に印象的だった振り返りはありますか。

　小学校に幼稚園の子どもたちが来たときに「質問に答える」というテーマで書いたことを覚えています。「何のために勉強するの？」と聞かれて、2ページぎっしり書きました。そのことをイワセンが認めてくれたことが嬉しかったのを覚えています。

　友達が、鉛筆でぐしゃぐしゃに書いたページを見せてくれたときがあったのですが、それを見て「ああ、先生にこんな気持ちをぶつけていいんだ」と思ったことを覚えています。イワセンはそんな気持ちも認めてくれるんだなと思いました。

―イワセンは、どんな先生でしたか。

　すごく公平な先生でした。どうしても頭のいい子や足が速い子が注目されやすい教室の中で、イワセンはいろんな子にスポットライトをあてていました。今、思えば定期的にスポットをあててくれていたんだなと思います。クラスに歴史カードをつくるのがとても得意な子がいて、その子がつくったカードを印刷してくれて、クラス全員で遊びました。教師になった今、その意味がとてもよくわかります。

—小学校時代、友菜さんにとって振り返りジャーナルは、どんな意味がありましたか。

　単純に短い帰りの時間に伝えたいことをバーっと書いていたので、書く力があがったと思います。「1ページが目標」と言われていました。最初はちょっと厳しいなと思っていたけれど6年生になったら書けるようになっていました。

　振り返りジャーナルを続けることで自分を客観的に見られるようになったと思います。まわりからどう見られるかではなく、自分で自分を見る。振り返りで感じていることや、実はああいうとき、こうしたかったけどできなかった。そういうことは、自分にしかわからない。でも、3か月後に読み返してみると「ああ、そうそう。チャンレジできなかったんだな」と。できていることもそうでないことも振り返ってみるようになりました。実は、今も書いています。書いて発散、話して発散。「今日はモヤモヤした」とかいう日は振り返りジャーナルをパパパっと書いています。

—教師になった今、クラスで振り返りジャーナルに取り組んでみてどうですか。

　一人ひとりのことをよく知ることができますし、子どもたちの書く力もあがったと思います。ジャーナルが合っている子も、話すほうがいいんだなと思う子がいることもわかります。そして何より、毎日、書く時間を確保することが大変だと知りました。テーマを出すときには、例えば、①運動会の振り返り　②一番印象に残ったこと　③これからに活かしたいことのように、「ホワイトボード・ミーティング®」の発散、収束、活用の問いのサイクルが身についていることも実感します。

　今は、2年生のクラスで取り組んでいます。先生とつながりたいという気持ちがストレートに伝わってきて、喧嘩をしたときにも「あれがむしゃくしゃした」「これがむしゃくしゃした」と素直に教えてくれます。時間がない！　というときも、給食と掃除の間に書くなどして、そのときにバーっと目を通して「どうしたの？　詳しく教えて」と話を聞いて、スッキリした気持ちで家に帰ってもらいたいというのが今の目標です。

　子どもたちにとって、振り返りジャーナルが成長の記録になっていることを教師としても感じています。

実践者の声

「振り返りジャーナル」と私

吉岡明子（東京都公立小学校教諭）さんの声

　振り返りジャーナルを続けて10年以上になりますが、もう絶対にやめられない「学級経営の大きな核」のひとつになっています。子どもたちとのつながりはもちろんのこと、知らなかった子どもたちの一面やつぶやきが、たくさん詰まっているので、その言葉から子どもを理解し、自分自身を振り返るツールになっています。

　コロナで休校になったときも、宿泊学習のときも振り返りジャーナルを書くことが、子どもたちにとって当たり前になっていました。だんだん書く内容が深くなったり、書く分量が増えたりする。毎日、振り返るからこそ成長が加速します。「これだけ続けられた」という事実が、子どもたちの自信になっていることが伝わってきます。

　授業では、理科で顕微鏡観察をしたあとに振り返りジャーナルを書くこともありますし、体育では学習カードと併用して使っています。例えば、「マット運動のコツを友達と伝え合おう」が「めあて」のときは、「倒立前転をやったときに頭をクルっと入れてやると教えてもらってやってみたら上手くできて嬉しかった」というようなエピソードが記されています。振り返りの前には、ペアトークをして、２分ずつくらいインタビューをしてホワイトボードに書いて、それをタブレットで撮影して、その画像をもとに振り返りジャーナルに書くなどもしていました。体育の時間の終わりはじっくりと振り返る時間がとれないので、帰りの会に振り返りジャーナルを書くのですが、ABCD評価＋ひと言ではなく、じっくりと振り返りを書いています。

　実は今日が１学期の最終日でした。子どもたちは１学期の振り返りを書いてくれています。私自身、振り返ると「これでよかったのかな」「もっとこうすればよかったかな」という思いが満載ですが、子どもたちの振り返りジャーナルには、こんなふうに書いてありました。

　「楽しかったです。１学期の目標はなんとなくできたと思った。友達にあきらめずに優しい声かけができました」「苦手なことをやってみたらできるようになりました」「２学期もたくさんのことをやってみたい」「最初の日よりケンカがなくなっていいクラスになりました」「いろいろあったけど、最後は丸く治った気がします」「２学期はもっと楽しいクラスになるような気がします」「勉強がすごく伸びた。自分が頑張れた」「みんなと夏休み会えないのがさみしい」「宿泊学習で５分前行動を意識できてよかった」「夏休みにみんなで友達と遊びにいこうと約束している。学校へ行くのが楽しくなった」などなど。

こうして子どもたちの振り返りを読んでいると嬉しいし、安心します。子どもたちはある意味、担任の私以上に学級経営について気にして、考えている仲間なんだなと思えてきます。当たり前のことですが、クラスは学級担任が一人でつくるものではない。子どもたちと一緒につくっていくものです。そのために欠かせないツールで、こういう気づきがあるのは、本当にありがたいと思っています。

横山弘美（元東京都公立小学校教諭、大学非常勤講師）さんの声

　振り返りジャーナルとの出会いは、「信頼ベースの学級ファシリテーション講座」に参加したときでした。小学校の教員として、作文教育に長く取り組んできた私は、子どもの書いた作文の内容や書き振りに対しての価値づけを赤ペンで書くことに力を注いできました。時には、3行の作文に2倍の量を書いて返すこともありましたが、振り返りジャーナルは趣旨が違うことを学びました。でも、子どもが書いた文章を読むことで児童理解が進むのは、作文教育と同じ。ジャーナルの返事はシンプルにすると決めて、小学4年、5年、6年生で取り組みました。

　振り返りジャーナルは、子どもたちのことをたくさん教えてくれました。子どもたちは担任に伝えたいことがあるとき、自分から話しかけてきます。それが難しいときは友達と一緒にきます。それも難しいときには振り返りジャーナルに書いてきてくれました。子どもとの信頼ベースのチャンネルがあることで、保護者と話をするときにも心強い味方になりましたし、保護者にとっても振り返りジャーナルは安心材料でした。作文にしても、ジャーナルにしても、私にとっては書くことがない学級経営は考えられませんでしたが、とにかく40人のフィードバックを20分で書く気軽さで、日々、継続することができました。

　現在は、教員養成課程の大学生を対象に振り返りジャーナルに取り組んでいます。「大学でも取り組んでみよう」と思ったのは、学生の考えを知りたい、つながりたいと思ったからですが、何よりもこの振り返りジャーナルの経験が学生の将来に役立つと考えたからです。基本は毎週の授業の振り返りをテーマにしていますが、模擬授業をしたときには「授業者へのメッセージ」や「教育実習の振り返り」を書くこともあります。

　授業であまり発言しない。スンとした感じの学生が、「このクラスは、ホワイトボード・ミーティング®で話し合っているからコミュニケーションがいい」と振り返りを書いたことがありました。こういう気づきは、課題として出すレポートには書いてきません。その意味で、振り返りジャーナルは学びの振り返りだけではない。学生にとっては「プラスアルファの余白」のような部分を書いて伝える機能があるのだと思います。授業が始まる前に、振り返りジャーナルをシャッフルして机に並べておくと、学生は自分のノートがある席に座ります。学生は座るなり振り返りジャーナルを開いて、先週の学びの振り返りと私からのフィードバックを読み、そこから授業が始まります。

　来年度からはノートをやめてICTで講義を進める予定ですが、振り返りジャーナルだけはノートのままにしようかと考えています。大学生になると学生の文字に出会うことはあまりありません。でも「その子の文字に出会う」ことは大切だと小学校の教員時代から考えています。

巻末付録

フィードバックを
実際に書いてみよう

振り返りジャーナルを始めるうえで、大切なのはフィードバックの書き方。いくつかの典型的なジャーナルに対して、実際にフィードバックを書いてみましょう。自分のフィードバックとお手本を見比べて、どんなところに注目すればよいかを体験してみましょう。

ワークシートの使い方

子どもに共感するフィードバックの練習

　先生と子どもが信頼ベースでつながるチャンネル、振り返りジャーナル。

　忙しい毎日の中、効果的にこのチャンネルを育むためには、取り組む先生がフィードバックの技術を身につけることが必要です。難しく考えなくても大丈夫。振り返りジャーナルを続けていくうちに、どんどん子どものことがわかるようになり、フィードバックの技術もアップします。

　振り返りジャーナルは、最終日を除いて、丁寧な返事を書きません。

　心を込めて読んだあとは、態度でフィードバックを返すのが基本です。そして、40人分のジャーナルを約20分で返事を書くのが目標。その感覚をつかむために、フィードバックの練習に挑戦してみましょう。

　また、振り返りには、どうしても反省というイメージがつきまとい、残念な反省日記になると、子どもたちはやがて、書くことに意欲を失い、ジャーナルが荒れていきます。

　セルフオープン・クエスチョンで子どもたちが思考を深め、ジャーナルを書き綴ることを励まし、応援する。大切な1日1日を積み重ねるジャーナルをめざし、ワークシートに取り組んでみましょう（上にワーク、下にフィードバックのポイントが書かれていますが、ワークシートに取り組むときには、下をノート等で隠して取り組むといいでしょう）。

ここを意識して
コメントを書こう！

　子どもたちの振り返りジャーナルは、フィードバックによって、方向性が変わります。先生がフィードバックで反省を求めすぎると、振り返りジャーナルは反省ノートになってしまいます。

　大切なのは、子どもたちが振り返りジャーナルを楽しみながら続けていくこと。そのためには、先生が子どもに共感するフィードバックが必要です。これを意識して、ワークシートに取り組んでみましょう。

Work 01

テーマ 「今日の会社活動について」

ゆずはさん
高学年

ジャーナルの背景

この振り返りジャーナルは、クラスで「会社活動」（係活動）に取り組んだ際のジャーナルです。子どもの強みがよく表れたジャーナル。どこに共感したらよいかを考えながら、フィードバックを書いてみましょう。

> 私はインテリア会社で、のれんを作りました。最初、つくり方がわからず、チョット会社が「さいあく〜!!」な感じになったけど、先生が「家庭科の先生に相談してみたら」と言ってくれたので、相談に行きました。その結果！ナント、チョーすごいのれんを作ることになったんだよお!!ヤッター!!クラスのみんなが、おどろくのれんを作ります。楽しみにしていてください。☆♡☆♡☆♫♫

フィードバックのポイント

相づちの言葉で、まるで子どもと対話しているようなフィードバックを書きます。子どもが「ヤッター!!」と感動を伝えている箇所は、そのままリボイスして「ヤッター!!」。最後は「はーい!」と楽しみにしている雰囲気を伝えます。また、家庭科の先生にこのページを見せて、お礼を伝えます。

> 私はインテリア会社で、のれんを作りました。最初、つくり方がわからず、チョット会社が「さいあく〜!!」な感じに _{うんうん} なったけど、先生が「家庭科の先生に相談してみたら」と言ってくれたので、相談に行きました。その結果！ナント、チョーすごいのれんを作ることになったんだよお!!ヤッター!!クラスのみんなが、おどろくのれんを作ります。_{ヤッター!!}楽しみにしていてください。☆♡☆♡☆♫♫
> は〜い!!

Point!

「さいあく〜」はドキドキする言葉。でも温かく取り合わず、全体的に見ます。

Point!

ジャーナルにはシンプルに。そして直接、「のれん、楽しみにしているよ」と声かけします。

まさきくん
中学年

ジャーナルの背景

夏休みを振り返ったジャーナルです。振り返りが深まっていない段階では、よく見られるタイプ。最後に書かれた「しゅくだいプリント、なくしました」の言葉が気になります……。

> なつ休みは、楽しかった。あつしとだいきと
> 遊んだ。プール行った。あつかった。朝か
> らず〜っと、ゲームした。今日から、学校で
> チョーめんどくさい。ず〜っと夏休みのほう
> がいい。これでおわります！
> 先生へ しゅくだいプリント、なくしました。

フィードバックのポイント

「宿題プリントをなくしました」の言葉は気になりますが、振り返りジャーナルでは注意指導の言葉は書きません。「ずっと夏休みの方がいい」は軽やかに取り合いません。間違っても、ここに共感を示さないように！

> なつ休みは、楽しかった。あつしとだいきと
> うんうん!!
> 遊んだ。プール行った。あつかった。朝か
> OK.OK!! ホントだね!
> らず〜っと、ゲームした。今日から、学校で
> チョーめんどくさい。ず〜っと夏休みのほう
> がいい。これでおわります！
> 先生へ しゅくだいプリント、なくしました。
> あとからきてね!

Point！

友達と楽しく遊んだり、プールに行ったりしたことには「OK！OK！」。暑かったには、心を込めて共感の言葉。

Point！

具体的にどうすればいいのか。OK の行動だけを書きます。

Work 03 テーマ 「先生へ」

ゆうなさん
高学年

ジャーナルの背景

先生への痛烈な批判が書かれた振り返りジャーナルです。先生はびっくりしてしまうかもしれません。それでも一度落ち着いて、安定的にフィードバックします。

> このクラスは最悪です。先生は、サイコーのクラスをつくろうって言ってるけど、そんなの考えてるの先生だけです。クラスのだれも思っていません。もちろん、私も思っていません。とにかく男子がむかつきます。ウルサイし、子どもっぽい。女子も、表面的には仲良くしてる感じに見えるけど、でも、本当は先生が知らないこともいっぱいあります。
>
> 私もいつも、クラスではいちおう、わらっているけど。でも仲のいいと思っていたAちゃんにうらぎられたし、もうだれも信じません。でも、くわしいことは言えないから、きかないでください。

フィードバックのポイント

プリプリと怒っていますが、わかってほしい思いに溢れている振り返りジャーナルです。本当に見放したときは、何も書かなくなります。感情が表出する場があってよかった、直接の対話のきっかけをつくってくれる内容です。

> このクラスは最悪です。先生は、サイコーのクラスをつくろうって言ってるけど、そんなの考えてるの先生だけです。クラスのだれも思っていません。もちろん、私も思っていません。とにかく男子がむかつきます。ウルサイし、子どもっぽい。女子も、表面的には仲良くしてる感じに見えるけど、でも、本当は先生が知らないこともいっぱいあります。
>
> 私もいつも、クラスではいちおう、わらっているけど。でも仲のいいと思っていたAちゃんにうらぎられたし、もうだれも信じません。でも、くわしいことは言えないから、きかないでください。 **そっかあ。話したくなったら来てね！** ◀

Point！

どこかに反応すると、そこから紙上議論になってしまいます。内容については、温かく取り合わずです。

Point！

でも、書いてある事実、関係性、感情はしっかりと受け止めて、共感とOKの行動を書きます。

Work 04 テーマ 「運動会の練習について」

たいちくん
低学年

ジャーナルの背景

運動会の練習で、先生の話を聞かず、怒られてしまった子のジャーナルです。ひたすら先生に謝っています。「振り返りジャーナルを反省文にしないように」ということを意識しながら、フィードバックしてみましょう。

> きょうは、先生のはなしをきかなくて、おこられたよ。せんせい、ごめんなさい。ほんとうにごめんなさい。これから、ちゃんとします。あしたは、がんばります。AとBとはなしません。ごめんなさい。これから、もう先生をおこらせないために、がんばります。

フィードバックのポイント

7行に3回もの「ごめんなさい」は謝りすぎです。何らかの事情で大人に謝ることに慣れている心配なSOSを伝えてくれる振り返りジャーナルです。この子の自尊感情の低下はどこに起因するのか、分析的に経過を観察します。

> きょうは、先生のはなしをきかなくて、おこられたよ。せんせい、ごめんなさい。ほんとうにごめんなさい。これから、ちゃんとします。あしたは、がんばります。AとBとはなしません。ごめんなさい。これから、もう先生をおこらせないために、がんばります。
> ありがとう。
> そんなにあやまらなくていいよ ◀ ········

Point！

ズッシリと心に重い内容ですが、文章にはフィードバックを書きません。

Point！

反省していることを受け止めて、OKの行動だけを書きます。

「今日１日をふりかえって」

けんたくん
中学年

ジャーナルの背景

たった１行が続く振り返りジャーナルは珍しくありません。でも、フィードバックが難しいのは、こうした振り返りジャーナルです。どんなフィードバックが適切か、考えてみましょう。

> おもろかった。

フィードバックのポイント

たった１行の言葉ですが、「おもろなかった」ではなく、「おもろかった」です。学校がおもしろいと思えることは大きな強み。そこに、承認のフィードバックを書きます。そして、なぜ１行しか書かないのかを考えて、じんわり取り組みます。

> おもろかった。
> OK OK !!

Point！

まずは、先生が明るく受け止めたことを「OK！OK！」の文字で伝えます。

Point！

書かない（書けない）ことも大切な情報です。空白のままあけておきます。

ありささん
高学年

ジャーナルの背景

高学年になると、子どもたちは多くのことに悩み、さまざまな疑問を抱えるようになります。振り返りジャーナルにも、そうした悩みが表れてきます。そうした子どもの感情に寄り添いながら、フィードバックしてみましょう。

> なんのために、学校に来ているのかわかりません。

フィードバックのポイント

子どもの悩みがどこに由来しているのかを考えてみます。哲学的な悩みなのか、友達関係でうまくいかないのか、他に何かトラブルがあったのか……などなど。さまざまな可能性はありますが、まずは子どもに聞いてみましょう。

> なんのために、学校に来ているのかわかりません。
> 了解。一緒に考えよう！

Point！
受け止めたこと。一緒に考えよう！という応援を伝えます。

Point！
この空白はこのページだけか、そうでないのかを知るためにも空白のままあけておきます。

おわりに

「振り返りジャーナル」の歴史を振り返ると、岩瀬直樹さんの実践がスタートしたのは2005年頃のことでした。岩瀬さんのブログの2007年6月16日の投稿を読むと、当時の子どもたちの言葉に触れることができます。その後、二人で書いた『よくわかる学級ファシリテーション①かかわりスキル編』（解放出版社、2011年）で初めて「振り返りジャーナルの進め方」を8ページにわたって解説し、その読者や「信頼ベースの学級ファシリテーション講座」の受講者、また教育委員会や学校での研修で学んだ先生たちによって伝播しました。その後、本書の前作（ナツメ社）が2017年に発行され、その増補改訂版として2024年に本書が出版されます。

考案から約25年。四半世紀の間に全国で、一体、何冊の「振り返りジャーナル」が誕生したのか。今となっては集計不可能ですが、ざっと数えても数千冊と推察できます。考案者の岩瀬さん、そして先生や子どもたちのチャレンジに心から感謝です。

今、改めて「これからの教育」を考えるとき、この「振り返りジャーナル」は多面的、多角的に価値のある取り組みだと実感しています。まずは、岩瀬さんの言う「学びのコントローラー」を子どもたちが握り直し、子ども主体で進む学校生活や学びを探究する際の振り返りが充実するという側面。その意義は、本文に触れた通りです。2つめは、1990年に発効された「児童の権利に関する条約（子どもの権利条約)」の4つの原則にある「意見を表す権利」や2022年に成立した「こども基本法」にある子どもが意見を表明する権利を保障するという側面です。3つめは2022年に改訂された「生徒指導提要」の発達支持的、予防的生徒指導や教育相談と一体化した新しい生徒指導において果たす役割。そして4つめは、2021年「令和の日本型学校教育」（中教審答申）で先生に求められる資質・能力としてファシリテーションが明示されたことです。

私も岩瀬さんも、「振り返りジャーナル」はファシリテーションツールであると考えています。コロナ禍を経て、学校教育が大きな転換期を迎える現在、日々の教育活動に幾重にも張り巡らされる時間的・空間的なベクトルの中核に「振り返りジャーナル」があると学びのベースが整います。本書が先生や子どもたちの取り組みの一助になれば嬉しいです。たくさんの成功と失敗を繰り返し、振り返りながら、自分と社会の幸せに向かって共にアップデートしていきましょう。

増補改訂版の執筆にあたっては学事出版の加藤愛さんに大変、お世話になりました。愛さんがいなければ、出版できませんでした。また、今回、武田信子さん、吉岡明子さん、横山弘美さん、寺内友菜さんに原稿執筆やインタビューで多大なるご協力をいただきました。そして、中学生の「振り返りジャーナル」として軽井沢風越学園の子どもたちの記録を掲載させていただきました。中学生の振り返りは、迫力があります。伸びようとする力が半端なく強い。未来に向かって可能性に満ち溢れたこの時期に、振り返りジャーナルを続ける価値を改めて教えていただきました。皆さん、ありがとうございました。

ちょんせいこ

■著者紹介

岩瀬直樹（いわせ・なおき）

1970年北海道生まれ。軽井沢風越学園校長。東京学芸大学大学院教育学研究科修士課程修了。埼玉県の公立小学校教諭として、4校で22年間勤め、学習者中心の授業・学級・学校づくりに取り組む。2008年度埼玉県優秀教員表彰。2015年に退職後、東京学芸大学大学院教育学研究科 教育実践創成講座 准教授として就任。学級経営、カリキュラムデザイン等の授業を通じて、教員養成、現職教員の再教育に取り組んだ。2020年より軽井沢風越学園校長。教師教育学会所属。3児の父。著書に『読んでわかる！リフレクション』（学事出版）『せんせいのつくり方』（旬報社）『よくわかる学級ファシリテーション①②③』（解放出版社）ほか多数。

ちょんせいこ

株式会社ひとまち代表。ホワイトボード・ミーティング® 開発者。特定非営利活動法人日本ファシリテーション協会フェロー。ビジネス、教育、医療、福祉、行政、ボランティアなど多様な領域でファシリテーションの普及に取り組む。教育現場では、公開授業や校内研究、研修会を通じて先生と子どもたちがファシリテーターになる信頼ベースの学級づくりを推進。職員会議や学年会議、教科会議、校務分掌会議、ケース会議、教育相談などの充実を通して、子どもが主体的に学びを探究する授業づくりや学級経営、学校マネジメントを効果的に進め、職場改善や働き方改革にも取り組む。著書に『学級経営がうまくいくファシリテーション』（学事出版）『対話で学びを深める 国語ファシリテーション』『よくわかる学級ファシリテーション①②③』（解放出版社）ほか多数。

＊「ホワイトボード・ミーティング®」を教える場合は、認定講師の資格が必要です。ただし、小・中学校、義務教育学校、高等学校、中等教育学校、特別支援学校の教員が児童・生徒、あるいは自校の教員を対象に教える場合に限り、認定講師の資格は不要です。詳しくは、株式会社ひとまちのHP（https://wbmf.info/）をご覧ください。

増補改訂版

「振り返りジャーナル」で子どもとつながるクラス運営
―信頼ベースのクラスをつくる最高のツール―

2024年9月24日　初版第1刷発行

著　者―― 岩瀬直樹・ちょんせいこ

発行者―― 鈴木宣昭

発行所―― 学事出版株式会社

　　　　〒101-0051　東京都千代田区神田神保町1-2-5

　　　　TEL：03-3518-9655

　　　　https://www.gakuji.co.jp

編集担当：加藤愛　協力：株式会社カラビナ

装丁：三浦正巳　イラスト：荻上由紀子

印刷・製本：精文堂印刷株式会社

無断転載はお断りします。

落丁・乱丁本はお取替えします。

ISBN978-4-7619-3030-1　C3037